Heinrich Preschers

Beurkundete Geschichts-Erzählung

Nebst gründlicher Ausführung, daß die in Sachen Friedrich von

Hammerstein und Evangelischer Gemeinde zu Melle, im Hochstift

Osnabrück, wider Freyherrn Wolf von Metternich und Consorten,

Appellationis & Mandati Attentat

Heinrich Preschers

Beurkundete Geschichts-Erzählung
Nebst gründlicher Ausführung, daß die in Sachen Friedrich von Hammerstein und Evangelischer Gemeinde zu Melle, im Hochstift Osnabrück, wider Freyherrn Wolf von Metternich und Consorten, Appellationis & Mandati Attentat

ISBN/EAN: 9783743623668

Hergestellt in Europa, USA, Kanada, Australien, Japan

Cover: Foto ©ninafisch / pixelio.de

Weitere Bücher finden Sie auf **www.hansebooks.com**

§. I.

In dem Hochstifts-Osnabrückischen Kirchspiel Melle, Amts Grönenberg, sind zwey Kirchen: eine alte zu St. Matthäus genannt; und eine neue.

Diese, die neue, ist im Jahr 1653. von dasiger Evangelischen Burgmannschaft und Gemeinde, auf eigenem, von ihnen für 425. Thlr. erkauften Grund und Boden, aus eigener und gesammleter Beysteuer auferbauet; wie aus der Urkunde A. zu ersehen.

A.

§. II.

Wann aber, und von wem jene, die alte Kirche, in die Ehre des H. Matthäus, gestiftet sey, ist nicht bekannt, so viel aber ohnstreitig, daß der Haupt-Pfarr-Satz an derselben von uralten Zeiten her dem Bischofe von Osnabrück zugehöret habe, und von demselben laut der Anlage B. seinem zeitigen Capellan verliehen sey.

B.

§. III.

Bey dieser findet sich auch noch ein besonders beneficium, welches von dasiger Burgmannschaft und Gemeinde im J. 1461. gestiftet worden, besage der Anlage C.

C.

§. IV.

Im Jahr 1624. waren beyde beneficia bey der alten Kirche, nemlich sowol die Pfarre, als das jetzt erwehnte, welches vorhin von einem Vicario bedienet wurde, mit Evangelischen Predigern besetzet. Der erste hieß Georg von Coverde; der andere Gerhard Haßelius, wie solches die Urkunde in

A 2

v. Mei-

v. *Meiern* Act. Pac. Weſtphal. Tom. VI. p. 440. coll.
p. 438.

mit mehrem bewähret. Dem erſtern folgte einer Namens An=
ton Seumenich, welcher ebenfalls der Evangeliſchen Religion zu=
gethan war, und von den Schweden, die im Jahr 1633. ſich des
Stifts bemächtiaten, eingeſezt wurde. Er ſtarb im Jahr 1684.

§. V.

Ob nun gleich ſolchergeſtalt die Evangeliſchen die alte
Pfarr=Kirche zu Melle im Jahr 1624. ohnleugbar beſeſſen ha=
ben: ſo iſt es dennoch durch den bekannten Vollmariſchen Durch=
ſchlag vom 6. Julii 1649. geſchehen, daß ſie den Catholiſchen zu
Theil worden, und zwar folgender geſtalt:

In der Osnabrückiſchen immerwährenden Stifts=Capi=
D. tulation Art. 21. unter D. iſt zuförderſt verglichen, daß zu
Quackenbrück

1) die alte Kirche,
2) die Einkünfte der Fabrick ſämtlich,
3) von denen übrigen Einkommen der halbe Theil, denen
    Evangeliſchen verbleiben; denen Catholiſchen aber
4) eine eigene Kirche daſelbſt zu erbauen,
5) derſelben der andere halbe Theil der Einkünfte, und,
6) dieſelbe mit Catholiſchen Pfarr=Herrn und Seel=Sorgern
    nach Nothdurft zu beſetzen, der Catholiſchen geiſtlichen
    Obrigkeit zuſtehen ſolle.

Hiernächſt nun heiſſet es :

„hingegen ſoll auch den Augsburgiſchen Confeſſions=Ver=
„wandten in Melle eine eigene Kirche, für ihr *Exerci-*
„*tium* zu erbauen frey ſtehen, und die alte Pfarr=Kirche
„den Catholiſchen zu ihrem *Exercitio* überlaſſen werden. a)

§. VI.

Nach des Kayſerlichen Plenipotentiarii Volmari Vorſchlage
iſt dieſes alſo gegen einander verglichen.

Von Evangeliſcher Seiten wolte man lieber in der alten
Kirche zu Melle das Simultaneum zugeſtehen, als dieſelbe den Ca=
tholi-

---

a) *Ludolf* Symphorem Conſultat. forens. Tom. II. Part. 2. p. 497.
Kreſs vom Archidiaconal=Weſen Beyl. S. 198.

tholicis überlaſſen, und Evangelicis einen neuen Kirchenbau auf⸗
bürden.

Von Catholiſcher Seiten iſt in den ſo betitelten *Differen-*
tiis zwiſchen Herrn Vollmars und Langerbeck's Aufſatz wegen
der Pfarr ausdrücklich enthalten:

„wegen der Pfarre Melle bleibts billig *ad ſervandam*
„*æqualitatem* bey Herrn Vollmari Aufſatz.

Und in derer Catholiſchen, ſo betitelten kurzen, *ad marginem notir-*
ten Nachricht über die Braunſchweigiſche *Differentias*, iſt jenes
alſo erkläret:

„Melle iſt gegen Quackenbrück geſetzt.

Solches alles beſagen die vom Dom⸗Probſt Kreßenbrock zur zwey⸗
ten Hammerſteiniſchen Appellation bey Kaiſerl. und Reichs⸗Cam⸗
mer⸗Gericht im Jul. 1739. mit dem Receſſu ad Duplicas additio-
nali bey der Haupt⸗Numer 70. unter den Neben⸗Numern 6. 7.
8. 9. S. 96. 97. 98. 99. 100. 101. aus der Dom⸗Capitulariſchen
Regiſtratur, und darin befindlichen Handſchriften des Cardi⸗
nal⸗Biſchofen Frantz Wilhelms herausgegebene Urkunden, wel⸗
che man, wie alle gegenſeitige Urkunden hier anders nicht als
unter dem gewöhnlichen Vorbehalt gebrauchet.

§ VII.

Gleichwie nun nach den natürlichen Regeln des Reciproci
kein vernünftiger Zweifel entſtehen kan, daß dasjenige, was dort
von dem Kirchen⸗Weſen zu Quackenbrück Stück für Stück aus⸗
drücklich verordnet worden, auch hier von dem dagegen geſetzten
Kirchen⸗Weeſen zu Melle ad ſervandam æqualitatem ſich von
ſelbſt verſtehe; ohnerachtet jene Verordnungen, bey dieſem, welt⸗
üblicher Schreib⸗Art nach, eckelhafte Wiederholungen zu vermei⸗
den, von dem Kayſerlichen Abgeſandten Volmar nicht von Punct
zu Punct namentlich wiederholet, noch auch von dem Braun⸗
ſchweigiſchen Geſandten Langerbeck vermiſſet worden:

So hat auch der Erfolg in der That bewieſen, daß man
bey Leb⸗Zeiten dererjenigen, welche dieſen Vergleich gemacht ha⸗
ben, denſelben nicht anders als ſolchergeſtalt verſtanden, und öf⸗
fentlich wenigſtens, nicht anders erkläret habe.

Denn ſo iſt es geſchehen, daß, gleichwie zu Quackenbrück
ſo auch zu Melle, im Gegenfall,

1) die alte Kirche,
2) die Einkünfte der Fabrick ſämtlich;

B   3) von

3) von dem übrigen Einkommen b) der halbe Theil, denen Catholischen überlaffen; von denen Evangelischen aber

4) eine eigene Kirche bafelbft, auf eigenen, von ihnen für 425. Thlr. erkauften Grunde und Boden; aus eigener und gefammleter Beyfteuer im Jahr 1653. auferbauet, (§. III.)

5) derfelben der, Evangelicis vorbehaltene andere halbe Theil der Einkünfte beygeleget, und

6) nachdem der vor 1648. von damaliger Evangelifchen geiftlichen Obrigkeit zu Melle eingefeęte und nach 1648. dafelbft verbliebene Evangelifche Pfarrer Seumenich im Jahr 1684. mit Tode abgegangen, deffen Stelle mit dem damahligen Iburgifchen Schloß-Prediger, dem berühmten Johann Niekamp c) auf der Evangelifchen Burgmannfchaft und Gemeinde Práfentation, von damahliger Evangelifcher geiftlichen Obrigkeit dem nachherigen Churfürften Ernft Auguft dem Erften, als Bifchofen zu Osnabrück befeęet worden, wie aus der Anlage E. zu erfehen.

E.

§. VIII.

Zwar foll im April 1651. da die neue Evangelifche Kirche noch nicht erbauet, noch auch die Evangelicis vorbehaltene Hälfte von den Einkünften des Primariats und Secundariats der alten Kirche abgetheilet war, (als welches allererft im Jul. 1651. gefchehen,) (§. VII. nota b.) der Evangelifche Pfarrer Seumenich dem Osnabrückifchen Domherrn, Johann Eberhard von Nehem, einen Revers ausgeftellet, und darinn denfelben für den Patron der damahls noch nicht auferbaueten Evangelifchen Kirche erkannt, auch von ihm die Collatur angenommen haben.

Es ift aber diefe im finftern gefchmiedete fo unzeitige als höchft-verdächtige Urkunde fuper Non ente vel Nondum ente bis noch nicht im Original ans Licht gekommen, gefchweige recognofciret,

---

b) Nicht nur des uralten Primariats, fondern auch des im Jahr 1461. von der Gemeinde geftifteten Secundariats.

(§. III.) Einkünfte find am 3ten und 4ten Jul. 1651. von einer Bifchöflichen Deputation und dem Confiftorio A. C. in zwey Theile getheilet, und die eine Hälfte nebft fämmtlichen Reditibus fabricæ der alten Catholicis überlaffene Kirche beygeleget, die andere Hälfte aber der Evangelicis für ihre neu-zu erbauende eigene Kirche vorbehalten. Cramers Weęl. Nebenft. XVII. 3. §. 4. S. 54.

c) Er ift am 20ften poft-Trinitatis 1684. zu Melle introduciret. Unfchuldige Nachrichten 1734. S. 75.

ſiret, und die darinn bezeugte allzuvoreilige Collatur Non entis
vel Nondum entis offenbar Capitulations = widrig, indem nach
Maaßgab der Osnabrückiſchen beſtändigen Stifts = Capitulation
Art. 12. und 14. die Collatores den Præſentatum dem Conſiſtorio ge=
bührend präſentiren müſſen, welches vom Johann Eberhard Ne=
hem mit dem Seumenich nie geſchehen.

Es iſt demnach, was zwiſchen dieſen beiden Geiſtlichen
etwa vorgegangen, in dem Bezirk einer Winkel = Collatur und in
terminis conatus vel actus imperfecti verblieben.

§. IX.

Im Weinmonath 1684. hat der Osnabrückiſche Domherr
von Nehem gegen die von damahliger Evangeliſcher geiſtlicher
Obrigkeit auf der Gemeinde Präſentation geſchehene Evangeli=
ſche Pfarr = Beſtellung (§. VII. no. 6.) eine Proteſtation eingele=
get, und darin angegeben, daß ihm, als zeitlichem Archidiacono
in Melle, das Jus Collationis von undenklichen Jahren her, zu=
geſtanden, und er dahero zu Conſervirung ſeines zuſtändigen Juris Archidiaconalis proteſtire. Es iſt aber ſothane Proteſtation
auf ihrem offenen Ungrunde erliegen geblieben, gleichwie man
denn auch noch bis in dieſe Stunde nicht begreiffen kann, was
dem zeitigen Archidiacono in Melle vor ein Recht an der alten
Kirche daſelbſt zugeſtanden habe, da er niemals den geringſten
Grund angeführt, woraus man ſchlieſſen könnte, daß dieſe ehe=
dem mit dem Biſchöflichen Sacellanat verknüpfte Pfarre, dem
Archidiacono daſelbſt verliehen worden.

§. X.

Als im October 1693. Johann Niekamp zum Herzoglich=
Braunſchweigiſchen Hof=Prediger, Conſiſtorial=Rath und Beicht=
Vater nach Wolfenbüttel berufen d) und die Evangeliſche Burg=
mannſchaft und Gemeinde zu Melle im Begrif war, an deſſelben
Statt, Ihrer Evangeliſchen geiſtlichen Obrigkeit einen Paſtorem
primarium und ſecundarium zu präſentiren: ſo hat dagegen der
Dom=Dechant von Spiegel, als Archidiaconus zu Melle, mit Zu=
ziehung und Beyſtand des Dom=Capituls zu Osnabrück, beym
damahligen Evangeliſchen Biſchofe und Landes=Fürſten Klage
erhoben, und zu Behauptung eines ganz unbegreiflichen Archi=
diaconaliſchen Patronats vorgeſpiegelt:

1) die neue Kirche A. C. zu Melle ſeye Filia von der alten
Catholiſchen, und

2) von dem Archidiacono dotiret, indem ihr von den Auf=

künf=

---

d) Unſchuldige Nachrichten 1734. S. 75.

fünften, welche die alte Catholische Kirche vordem ganz gehabt, die Hälfte beygeleget worden.

3) Es habe auch der erste Pfarrer A. C. bey der neuen Kirche, Anton Seumenich, in einem unterm 14ten April 1651. ausgestellten Reverse den damaligen Archidiaconum Johann Eberhard von Nehem für den Patronum anerkannt.

§. XI.

Die Evangelische Burgmänner und Gemeinde versetzten sofort:

ad 1) Ihre neue Kirche seye

a) von ihnen auf ihrem Grunde und Boden

b) aus eigener und gesammleter Beysteuer auferbauet, und

c) ihrem Glaubens-Bekänntniß zuwider, daß ihrer Evangelischen Kirche gegen die Catholische respectu filialis aufgebürdet werden wolle.

ad 2) die beschehene Theilung der Aufkünfte könne für eine vom Archidiacono geschehene Dotirung nicht angesehen werden, da sothane Reditus

a) ihm niemahlen, sondern zuerst dem Bischofe, hernach dessen Sacellan, und im Jahr 1624. denen beiden Evangelischen Pfarrern daselbst zugestanden, und ein Theil davon

b) nicht von ihm, sondern vermöge der im Instrumento Pacis zu errichten verordneten perpetuirlichen Capitulation, an die Evangelische Kirche geleget worden, ohnehin auch

c) dieser Antheil Jntraden bey weitem nicht zureichend sey, sondern die Evangelische Gemeinde noch vieles beytragen müsse.

ad 3) Was der vormahls von der Schwedischen Regierung bestellte und von der Gemeinde nachhero belassene Evangelische Prediger Seumenich hierunter etwa gethan, oder unterlassen haben mögte, solches könne als ein Privat-Werk niemanden präjudiciren.

4) Wurde dem sogenannten Archidiacono das Exempel mit denen Evangelischen und Catholischen Kirchen zu Quackenbrück in casu converso entgegen gestellet, und anbey

5) die in dem Quackenbrückischen Divisions-Recesse von Catholischer Seiten expresse angeführte Ration vorgehalten.

Diese lautet also:

Als auch §. 15. Capit. perp. verordnet, daß wegen der Col-

Collaturen, ſo beſagtem Capitulo zu Quackenbrück vor Al-
ters zugeſtanden, bey Abtheilung der Güter man ſich be-
ſonders zu vergleichen hätte: Alſo iſt der nach der Hand erbaueten Catholiſchen Kirche und deren Bedienten als Paſtoris, Küſters und Schulmeiſters Collation oder Präſentation, in keine Conſideration gekommen, ſondern dieſelbe als
nova & poſt repartitionem, ſumtibus noſtris & pio-
rum ædificata, dem Catholiſchen ordinatui von Rechtswegen, als Paſtori & Ædificatori, von uns zuerkannt
und überlaſſen worden.

Und in einem vom Carbinal Biſchof Franz Wilhelm beygefügten
eigenhändigen Zettel heißt es:

Nova eccleſia Quackenbrugenſis non venit in conſideratio-
nem, ut pote nova, à Cathoũicis poſt diviſionem erecta, iisque
omni jure debita.

§. XII.

Solchennach iſt vom damahligen Evangeliſchen Biſchof,
Churfürſten Ernſt Auguſt dem I. am 5ten November 1694. das
unter F anliegende Deciſiv-Reſcript ergangen, darin Se. Churfürſtl. Durchl. denen Burgmännern und Gemeinden, aus voran-
geführten, mehrentheils darin ausgedrückten Gründen das Jus
præſentandi zuerkannt haben.   F.

§. XIII.

Wider dieſes nach beiderſeitiger Vernehmlaſſung und der
Sache gründlicher Unterſuchung ergangene Landesfürſtliche Deciſiv-Reſcript iſt weder vom Dom-Capittel noch von dem Archidiacono als patrono prætenſo ein Rechts-Mittel eingewandt, ſondern allererſt am 2ten December 1694. ohne ordentliches Rechts-
Mittel, obmoviret:

1) daß Se. Churfürſtl. Durchl. von ihnen in dieſer Sache
nicht anders als pro parte gehalten werden könnten;

2) daß vermöge Capitulationis perpetuæ die Collationes der
geiſtlichen Pfründen, welche denen A. C. Verwandten angefallen,
benen vorigen rechtmäßigen Collatoribus, wenn ſie ſchon Catho-
liſch wären, verbleiben ſolten, folglich, wenn auch das ganze
Melliſche Kirchſpiel zur Augſpurgiſchen Bekänntniß geſchritten
wäre, dennoch die Collation ſothaner Pfarre dem zeitlichen Archidiacono verbleiben müſſe;

3) daß die Burgmänner und Gemeinde nur das Jus præſentandi paſtoris ſecundarii geſuchet hätten.

§. XIV.

§. XIV.

Es iſt aber von Sr. Churfürſtl. Durchl. in einem ans
Dom-Capittel und Archidiaconum qua patronum prætenſum erlaſ-
ſenen Reſcripto deciſivo inhæſivo vom 6. December 1694. G. die
Bedeutung geſchehen:

G.

Ad 1) Daß Se. Churfürſtl. Durchl. in dieſer Sache ſich
keinesweges pro Parte geriret, ſondern, als wegen des juris patronatus zwiſchen dem zeitlichen Archidiacono zu Melle, Dom-
Dechand von Spiegel eines- ſodann denen Burgmännern und
übriger Evangeliſcher Gemeinde daſelbſt andern Theils, Streit
entſtanden, beider Theile Rationes angehöret hätten, und, wenn
des Archidiaconi ſeine fundiret geweſen wären, demſelben das jus
præſentandi ohne einiges weiteres Abſehen, zugebilliget haben würden, da ſich aber das Gegentheil befunden, denen Burgmännern
und der Evangeliſchen Gemeinde ihre Befugniß nicht hätten nehmen können.

Ad 2) Der angeführte Caſus ſeye hier nicht vorhanden,
und, wenn ſich ſolcher auch begeben hätte, ſo würde dahin ſtehen, was in der perpetuirlichen Capitulation desfalls würde verglichen ſeyn. Nachdem aber bey Spaltung der Religion die Gemeinde zu Melle ſich gezweyet, und der eine Theil davon, bey
der Catholicis überlaſſenen alten Pfarre geblieben, der andere aber
einen aparten cœtum formiret, auch eine gantz neue Kirche ex
propriis ſumptibus fundiret, und erbauet hätten, dieſes alles, in
ſpecie auch die Theilungen der Intraden per Transactionem geſchehen wären, ſo ſeye dieſes ein gantz anderer Caſus, worauf der angezogene locus Capitulationis (Art. 14.) nicht zu appliciren.

Ad 3) Ergebe die von Burgmännern und Gemeinde eingereichte, dem Dom-Capitul und Archidiacono am 5. Februarii
1694. communicirte Debuctionſchrift und deren Schluß das Contrarium ihres Angebens.

4) Iſt zu dem im vorigen Reſcripto vorgehaltenen Exempel von der Quackenbrückiſchen Pfarre, auch das von der Bißen-
dorfiſchen hinzugefüget, allwo gleichergeſtalten eine neue Kirche
erbauet, und die Reditus von der alten zur Halbſcheid der neuen
beygeleget worden, gleichwol aber poſt ſeparationem der alte Mö-
beking bey der Evangeliſchen, eodem modo, wie Seumenich zu
Melle, Paſtor geblieben, und nach deßen Ableben ſein Sohn von
der Evangeliſchen geiſtlichen Obrigkeit mit ſolcher Pfarre wieder
providiret worden, ohne daß der Collator von der alten Kirche
daſelbſt die geringſte Oppoſition, wie er auch mit Fug nicht habe thun können, gemachet habe.

§. XV.

§. XV.

Auch wider dieses nicht auf ein= sondern beiderseitige Vor=
stellungen ergangene Rescriptum decisivum inhæsivum hat weder
Dom-Capitul noch Archidiaconus ein Rechts=Mittel ergriffen.

§. XVI.

Nachdem das Evangelische Consistorium mittelst des unter
II. anliegenden Decreti vom 1. December 1694. der Burgmann=
schaft und Gemeinde zu Melle nicht nur obbemeldte höchste End=
scheidung kund gethan, sondern auch aufgegeben hatte, daß,
falls beyde Theile der Gemeinde annoch bey der Intention zwee=
ne Prediger bey ihrer Pfarre zu haben, verharren solten, in Zei=
ten und vor Bestellung des Primarii die Einrichtung derer Intra=
den dergestalt, damit beyde Pastores bestehen könten, zu überlegen
hätten; wozu dann zugleich die Burgmänner und einige aus der
übrigen Gemeinde auf den 14. Decemb. an das Consistorium ver=
abladet worden: So ist, nach Berichtigung dieses Puncts von
Evangelischer Burgmannschaft und Gemeinde zuförderst zum Se=
cundariat der zeitige Schloß-Prediger zu Iburg Hermann Eber=
hard Meyer præsentiret, und darauf von Sr. Churfürstl. Durchl.
am 24. Decembr. 1694. die Bestätigung erfolget, wie die Urkun=
de I. ausweiset.

Hiernächst ist zum Primariat der vorherige Churfürstliche
Braunschweigische Printzen-Informator, Johann Theodor
Heinson, von der Evangelischen Burgmannschaft und Gemeinde
præsentiret, und von Sr. Churfürstl. Durchl. am 5. Febr. 1695.
in der Urkunde bestätiget worden.

§. XVII.

Als nachhero das Dom-Capitul auf dem Landtage im
Jahr 1696. beschwerend anbrachte, daß auf die von demselben
vor etlichen Jahren wegen Collation der Pfarre zu Melle gesche=
hene und eod. anno ex recessu divisorio zweymahl gethane Remon=
stration, noch nichts beschloßen worden; So ist von Sr. Chur=
fürstlichen Durchl. Ernst August dem I. darauf in der unter K.
anliegenden Resolution zum Bescheide ertheilet;

daß es bey denen an Ihro Dom-Capitul der Mellischen
Pfarre halber und in specie denen am 5. November und 6.
December 1694. abgelaßenen Rescriptis sein Bewenden hätte;
wofern aber der Archidiaconus zu Entkräftung der darin ange=
führten Umstände etwas mit Bestande solte vorbringen kön=
nen, Höchstdieselben ihn nicht enthören würden.

H.

L.

K.

§. XVIII.

Solches hätte nun, rechtlicher Weise, binnen gehöriger Frist, oder doch wenigstens noch intra Quadriennium, mittelst des Remedii restitutionis in integrum, durch Beybringung neuer erheblicher Umstände, geschehen können.

§. XIX.

Bey deren Ermangelung aber beliebte das Dom-Capitul und Archidiaconus den am 23. Jenner 1698. erfolgten Tod des Evangelischen Bischofs abzuwarten, und, sede vacante, seine Interimistische Gewalt dazu zu mißbrauchen, jene gnädigst-gerechteste Endscheidung gewaltthätig umzustoßen, und die von der Evangelischen Gemeinde im Jahr 1694. und 1695. rechtmässig präsentirte und von der Evangelischen geistlichen Obrigkeit ordentlich eingesetzte beide Evangelische Prediger Heinson und Meyer, ihrer Pfarr-Dienste mit Gewalt zu entsetzen.

§. XX.

Jener, der erste Pfarrer, Johann Theodor Heinson, war kurz zuvor von der verwittibten Fürstin von Ostfrießland, zum General-Superintendenten, Consistorial-Rath und Ober-Hof-Prediger nach Aurich berufen; e) hatte diesen Beruf schon würcklich angenommen, und stand eben im Begrif, von Melle wegzuziehen.

Dessen ohngeachtet ging der Dom-Capitularische und Archidiaconalische Eyfer sede vacante, damahls so weit, diesen berühmten Evangelischen Prediger noch vor seiner Abreise, zu dessen bloßer Beschimpfung und Kränckung, gewaltthätig abzusetzen, und an dessen Statt der Evangelischen Gemeinde einen von dem Archidiacono qua patrono prætenso präsentirten, weder examinirten noch ordinirten Candidaten Namens Kaman, welcher dem Archidiacono den unter L. anliegenden so unerlaubten als verfänglichen Revers hatte ausstellen müßen f) aufzudringen, und durch Catholische Geistliche einzusetzen, hingegen die andere Evangelische Pfarr-Stelle, welche doch ebenmäßig in anno decretorio besetzt war, gantz unbesetzet zu laßen.

L.

§. XXI.

---

e) Unschuldige Nachrichten 1727. S. 497.

f) Kress vom Archidiaconal-Wesen C. 6. §. 13. *. I. S. 507.. Beyl. U. 3. S. 175.

§. XXI.

Wider diese Dom = Capitularische und Archidiaconalische Thathandlungen hat die Evangelische Burgmannschaft und Gemeinde nicht nur feyerlichst protestiret, sondern auch solche beym Kaiserlichen und Reichs=Cammer=Gericht klagend angebracht.

Darauf ist den 21ten Julii 1699. das unter M. angefügte Schreiben um Bericht dergestalt erkannt, daß er mit Zuziehung des Evangelischen Consistorii erstattet werden solle.   **M.**

Als dieses Schreiben um Bericht am 7ten October 1699. insinuiret worden, ist dasselbe dem Evangelischen Consistorio nicht einmahl communiciret, sondern zu dessen Veracht die Animosität so weit getrieben, daß desselben Tages die Impetranten von neuem graviret, und ihnen anbefohlen worden, dem Intruso Kaman den beym Consistorio deponirten Pfarr = Zehenden verabfolgen zu lassen.

Es haben auch die Impetraten den ihnen abgeforderten Bericht ohne Zuziehung des Evangelischen Consistorii erstattet.

§. XXII.

Nach sothanem Bericht und eingebrachtem Gegen=Bericht ist endlich am 6ten September 1702. vom Kaiserl. und Reichs= Cammer=Gericht das gebetene unter N. hier anliegende Mandatum respective Cassatorium, inhibitorium, restitutorium & de non amplius turbando sine Clausula erkannt, und darinn unter andern ausdrücklich enthalten: **N.**

1) daß der damahligen Catholisch = Bischöflichen Regierung Canzlar Ostmann der *Archidiaconus* das Dom=Capittul und sämmtliche Beklagte selbst *Partes*; und also auf ihren erstatteten Bericht, oder was sie (nimirum absque probatione auf ihr blosses vermeintlich Richterliches Wort) vorbringen mögten nicht zu bauen, sondern vielmehr

2) Gött= geist= und weltlichen Rechten gemäß sey, weilen die *A. C.* Verwandte die Kirche *suis sumtibus.* neu erbauet. hingegen

3) beklagte, *à tempore fundationis* bis dahin keinen einzigen *Actum possessorium* beweisen könnten, und

4) selbst *in propria causa* keine Richter seyn, noch

5) die Klägere *de facto* ohne Obrigkeitliche Erkänntniß depossediren, weniger

D   6) den

6) den *Intrusum* Ramann, welcher seiner Lehre, Thuns und Wandels halber für keinen rechtmäßigen Prediger gehalten, weniger geglaubet werde, daß er der *A. C.* zugethan sey, sondern deshalber am *Consistorio* besprochen, und zur *Dijudicatur* einer Theologischen Facultät besagter *Confeßion* aufgefordert sey, manuteniren,

7) Klägere auch nicht gehindert werden könnten, die zweyte Pfarr-Stelle zu besetzen.

8) Daß das Archidiaconalische Fundament, als ob die neu erbauete von der vorigen Catholischen Kirche ein Filial, nicht allein ganz unstatthaft, sondern auch

9) Petitorii

10) ohnzureichig, hingegen

11) genug sey, daß die *A. C.* Verwandte *à tempore fundationis usque ad hanc horam in Possessione vel quasi* gewesen, und daher

12) vermöge *Capitulationis perpetuæ* dabey zu schützen und zu schirmen,

13) die Jurisdiction (des Kaiserlichen und Reichs-Cammer-Gerichts) *vigore Pacis religiosæ Instrumenti pacis* und jüngern Reichs-Abschiedes, wie nicht weniger auch der perpetuirlichen Capitulation des Stifts Osnabrück und *ex ipsa causæ qualitate* sattsam und überflüßig gegründet sey;

14) daß dannenhero Impetraten die Augsburgische Confeßions-Verwandte adeliche Burgleute und ganze Gemeinde zu Melle *ratione hujus turbationis Pacis religiosæ, Infractionis Instrumenti pacis,* und *in specie* der Osnabrückischen *in dicto J. P. Art.* 13. §. 2. *seqq.* gegründeten *Capitulationis perpetuæ* wegen des suspendirten *Pastoris Mejers,* in allen restituiren, und in vorigen Stand setzen, und ihn in Administration der *sacrorum* nicht hindern,

15) den von denen Catholischen introducirten Gerhard Rahmann removiren,

16) alles, was deswegen vorgangen, caßiren,

17) die Untersuchung seiner Qualität, und ob er Augsburgischer Confeßion einverleibter Lehre beypflichte, dem *Consistorio* und *Consilio* einer ohnpartheyischen der *A. C.* verwandten Theologischen Facultät heimgeben;

18) die Klägere am rechtmäßigen Besitz der andern Pfarr-Stelle ferner nicht hindern,

19) die

19) die dazu gewidmete *Proventus* und Zehenden nicht hemmen oder diſtrahiren, ſondern

20) alle beswegen ergangene *Decreta* aufheben, und

21) die Impetranten wiederum in den Stand, wie ſie vor eingeklagter Turbation in *Anno* 1624. und folgenden Jahren geweſen, reſtituiren,

22) Impetraten ſich auch keines *Juris Patronatus*, wider die, durch den abgelegten vorigen Biſchof ausgeſprochene und in Rechts-Kraft erwachſene Urtheil und Verordnungen, über die neue, aus eigener und geſammleter Beyſteuer erbauete Kirche zu Melle anmaſſen, ſondern

23) mehrbeſagte Impetranten in ihrer Poſſeſſion *vel quaſi* aller deren ihnen *ex Pace religioſa & Capitulatione perpetua* deſſcendirenden Competentien,

24) mit Erſtattung Koſten und Schadens und Intereſſe, ruhig laſſen ſollen.

Dieſes nicht auf einſeitige Vorſtellungen, ſondern nach beiderſeitiger Vernehmlaſſung, auf Bericht und Gegen-Bericht, erkannte gerechteſte Kayſerliche Reichs-Cammer-Gerichtliche Mandat S. C. iſt durch den Cammer-Boten Johann Adam Keſche am 30. Sept. 1702. auf damahliger Catholiſch-Biſchöflichen Regierung dem V. Cantzler Oſtmann, ferner dem D. Schelfer, als Mandatario des Archidiaconi qua patroni prætenſi zu Melle, und endlich dem Dom-Dechamt von Spiegel inſinuiret.

§. XXIII.

Deſſen ſchuldige Befolgung wuſte aber der Archidiaconus ſo lange zu hintertreiben, bis die im folgenden Jahr 1703. ausgebrochene innerliche Spaltungen des Reichs-Cammer-Gerichts-Collegii im April 1704. das bis ins Jahr 1711. fürgewährte leidige Juſtitium Camerale veranlaßten.

§. XXIV.

Nach der von dem anmaßlichen Patrono ausgeſtandenen Gewaltthätigkeit, und nach der durch das Juſtitium Camerale erlittenen Recht und Hülfloſigkeit, betraf die Evangeliſche Gemeinde zu Melle, ſammt der Catholiſchen das Unglück, daß faſt der gantze Flecken, mithin beide, ſowol die alte, als neue Kirche daſelbſt, in einer erſchröcklichen Feuersbrunſt abbrannte.

Der Archidiaconus welcher an beiden Kirchen das Patronat prätendirte, und attentando exercirte, hatte jetzt Gelegenheit,

ſolches

folches zu verdienen. Allein seine Wohlthätigkeit erstreckte sich so weit nicht. Er überlies das große Recht unglücklichen zu helfen, der Gnade des damahls regierenden Bischofs Ernst August II. Und die für alles wachende christfürstliche Milde dieses Herrn, lies sowol die Catholische als Evangelische Kirche wieder aufrichten. Nachdem er jene sowol als diese hatte wieder auferbauen laßen : so hätte er an beiden das Patronat behaupten können. Er ließ es aber dabey bewenden, daß er in Gefolge des Reichs-Cammergerichtlichen Mandati vom 6. Sept. 1702. den intrudirten Kahmann removirte, und, nachdem solches durch das Consistorium bewürcket war, diesem durch das unter O. anliegende Rescript vom 29. August 1720. anbefahl, die Patronos der Evangelischen Kirche zu excitiren, daß sie je eher je besser ein tüchtiges Subjectum präsentirten.

O.

§. XXV.

Weil der removirte Kahmann immittelst die Liebe der Gemeinde gewonnen, hingegen durch den unglücklichen Brand fast alle das Seinige eingebüßet hatte : so geschahe es aus Christlichem Mitleiden, daß derselbe von der Evangelischen Burgmannschaft und Gemeinde präsentiret, und von des Bischofs Königl. Hoheit am 11. Dec. 1720. bestätiget wurde, wie aus P. zu ersehen.

P.

§. XXVI.

Datwider hat zwar der Archidiaconus prætensus laut Anl. Q. an Kaiserl. Reichs-Hof-Rath appelliret, aber die Appellation nicht verfolget, sondern auf ihrem Ungrunde erliegen laßen, maßen in Possessorio dieser Sache albereits im Jahr 1699. die Reichs-Cammer-Gerichtbarkeit gegründet war, in Petitorio aber der Reichs-Hof-Rath so wenig als das Reichs-Cammer-Gericht erkennen kan.

Q.

§. XXVII.

Nachdem aber der alte Pastor Kahmann seines Unvermögens halber einen Adjunctum begehret, und das Evangelische Consistorium solches den adelichen Burghäusern und der Gemeinde kund gethan, diese auch am 8. Februarii 1744. einen Candidaten Namens Fürstenau dem Consistorio präsentiret hatte ; so erwürckte der Archidiaconus qua patronus prætensus, der Dom-Scholaster und Dom-Küster Wolf von Metternich bey St. Churfürstl. Durchl. zu Cölln, als damahligem Bischofe zu Osnabrück, an das Consistorium A. C. Temporal-Inhibition, daß daßelbe den Præsentatum vorerst nicht zulaßen solte.

Einer

Einer von den adelichen Burgmännern, der Osnabrück-
sche Land-Rath von Hammerstein zum Bruche, erbat dagegen
am $\frac{23.\text{ Martii}}{2.\text{ April}}$ 1744. bey des in Gott ruhenden Königs Georg des
II. Majest. glorw. Angeb. das unter R. anliegende nachdrückliche   R.
Vorschreiben an Se. Churfürstl. Durchl. zu Cölln, als Bischofen zu Osnabrück.

§. XXVIII.

Aber der Archidiaconus Wolf von Metternich wußte aus
dem Fürstlich Osnabrückischen Geheimen Raths-Collegio, worin
die beide erstere Archidiaconi mit saßen, einen Befehl an das Consistorium A. C. auszuwürken:

daß solches in der Sache nicht weiter erkennen, sondern die
Untersuchung derselben von besagtem Geheimten-Raths-
Collegio geschehen solle.

§. XXIX.

Nachdem Consistorium A. C. ex Mandato speciali diesen anmaßlichen Befehl der adelichen Burgmannschaft und Gemeinde
zu Melle bekannt gemacht hatte, so ist ex abundanti cautela von
dem noch übrigen einzigen Evangelischen Burgmann, dem Land-
Rath von Hammerstein, sodann Burgermeister und Rath, auch
Gemeinde des Weichbilds Melle an Kaiserl. und Reichs-Cammer-Gericht appelliret; und sind am 31. August 1744. die unter   S.
S. angefügte völlige Appellations-Procese ausgebracht.

§. XXX.

Wiewohl nun die Evangelische Burgmannschaft und Gemeinde zu Melle sowol vor denen im Jahr 1699. beym Kaiserl.
und Reichs-Cammer-Gericht eingeklagten Dom-Capitularischen
und Archidiaconalischen Thätlichkeiten, als auch vor denen im
Jahr 1744. unternommenen Bischöflichen, Geheimen Raths-
und Archidiaconalischen Beeinträchtigungen in würcklichem Besitz
des Präsentations-Rechts sich befande, und solches im Jahr
1694. 1695. und 1720. cum effectu geübet hatte; dabey auch durch
das am 6. September 1702. auf Bericht und Gegen-Bericht ergangene Kaiserl. Reichs-Cammer-Gerichtliche Mandats-Er-
känntniß geschützet war:

so wolle bennoch das

        c. 3. x. de Patronis

Dazu gemisbrauchet werden, die Evangelische Gemeinde aus ihrem

rem Befißstand heraus, und hingegen per indirectum den Archidiaconum præt. hineinzusetzen, indem lite in Camera Imperiali pendente, der Bischof ex jure devolutionis die Pfarre besetzen solte;
welches dann ohne Zweifel ad Nutum Archidiaconi geschehen, demselben auch der Rosenobel nicht entgangen wäre.

Die Evangelische Burgmannschaft und Gemeinde wandte
sich gegen diese zur Untergrabung ihres rechtmäßigen Besitz-
Standes erkünstelte Zurüstungen an das Kaiserl. und Reichs-
Cammer-Gericht, und erhielte zur Aufrechthalt- und Verwah-
rung ihres Besitz-Standes am 4. September 1747. das unter T.
anliegende Mandatum S. C. darinnen beides der Osnabrückischen
Regierung und auch dem Archidiacono befohlen wurde, weder
vor, noch nach Absterben des Pastoris A. C. jemand, als Ge-
hülfen oder Nachfolger, in diesem Pfarr-Dienst zu präsentiren,
oder zu bestellen.

T.

§. XXXI.

Solchergestalt hatte nun die Evangelische Burgmannschaft
und Gemeinde für sich

I. pro *colorando* possessorio :

1) daß ihr in der beständigen Osnabrückischen Stifts-Capitulation eine eigene Kirche bewilliget worden; (§. V.)

2) daß sie den Grund dazu für 425. Thlr. gekauffet, und also
dieselbe fundiret hat; (§. §. I. & VII.)

3) daß sie aus eigener und gesammleter Beysteuer dieselbe
auferbauet hat (§. §. I. VII. XI. XIV. XXII.)

4) daß sie das Secundariat bey der alten Kirche, wovon die
eine Hälfte der alten Catholicis überlaßenen Kirche zugetheilet, die andere Hälfte aber der neuen Evangelischen Kirche
beygeleget worden, gestiftet; (§. §. III. VII.)

5) daß sie, da diese Hälfte so wenig, als die Evangelicis von
den Einkünften des Primariats vorbehaltene Hälfte zur
Unterhaltung ihrer Kirche und Pfarrer zureicht, dazu all-
jährlich noch ein erkleckliches beyträget; (§. XI.)

6) daß nicht der Archidiaconus prætensus sondern die Evangelische geistliche Obrigkeit an der alten Kirche, da sie noch
in Evangelischen Händen gewesen, die im Jahr 1624. daran
gewesene Evangelische Pfarre bestellet gehabt; (§. IV.)

7) daß die Evangelische geistliche Obrigkeit, an der neuen
Evangelischen Kirche zu Melle, eben so, gleichwie an der
ihr

ihr mutua æqualitate reciproce entgegen gesetzten neuen Catholischen Kirche zu Quackenbrück die Catholische geistliche
Obrigkeit, die Pfarr-Bestellung, nach theils ausdrückli-
chem, theils deutlichem wesentlichen Innhalte Capitulationis
perpetuæ Art. 21. erlangt und hergebracht hat;

8) daß die Evangelische geistliche Obrigkeit das *jus præsentandi* der Evangelischen Gemeinde zu Melle mittelst höchster
Rescripten vom 5. November und 6. December 1694. zugebilliget hat; (§. §. VII. XII. XIV. XV.)

9) daß des Evangelischen Bischofs Ernst August des II. Königliche Hoheit, welche die Kirche nach dem Brande 1720.
auf Ihro Kösten wieder auferbauet haben, nichts destoweniger in dem Rescript vom 29. August 1720. der Evangelischen Gemeinde das *jus præsentandi* zugestanden haben;
(§. XXV.)

II. In *Possessorio* selbst hatte die Evangelische Gemeinde für sich

1) daß die Evangelische geistliche Obrigkeit, welche ihr mittelst
vorangeführter Evangelisch-Bischöflicher Verleihungen von
1694. und 1720. die Präsentation zugestanden hat, nicht nur
die im Jahr 1624. zu Melle gestandene Evangelische Prediger an der alten Kirche (§. IV.) sondern auch

2) den ersten Evangelischen Prediger an der neuen Evangelischen Kirche, den Pfarrer Seumenich, bestellet gehabt,
und derselbe nie von dem Archidiacono dem Consistorio A. C.
präsentiret worden (§. IV.) ferner

3) daß nach dessen Tode im Jahr 1684. sein unmittelbarer
Nachfolger, Johann Niekamp, von der Evangelischen
geistlichen Obrigkeit, auf der Gemeinde Präsentation, bestellet worden, (§. VII.)

4) daß, nachdem derselbe im Jahr 1693. nach Wolfenbüttel
berufen und an dessen Stelle zwey Pfarrer zu setzen beschlos-
sen war, sowohl der *Secundarius* Meyer im Dec. 1694. als
auch der *Primarius* Heinson im Jahr 1695. von der Evangelischen Gemeinde dem Consistorio A. C. präsentiret, und von
demselben bestätiget worden (§. XV.)

5) daß, als der Archidiaconus gegen jene Besitz-Handlung im
Jahr 1684. protestiret, und gegen die im Jahr 1694. und
1695. Klage erhoben, nach beyderseitigem Verhör durch
Landes-Fürstliche *Rescripta decisiva inhæsiva* von 1694. die
Gemeinde zur Präsentation zugelassen, und dagegen von
dem Archidiacono kein Rechts-Mittel eingewand worden;
(§. §. XIII. XIV. XV.)

6) daß

6) daß sie im Jahr 1702. durch ein Kayserl. Reichs-Cammer-Gerichtliches, auf Bericht und Gegen-Bericht, ergange-nes Mandats-Erkenntniß *fine clausula*, in *Possessorio* ge-schützet, und sothanes Mandat durch kein Urtheil aufge-hoben worden; (§. XXII.)

7) Daß sie im Jahr 1720. den letzt-verstorbenen Evangelischen Pfarrer dem Consistorio A. C. präsentiret hat, und derselbe darauf bestätiget worden, (§. XXV.)

8) daß Archidiaconus darwider zwar an Kayserl. Reichs-Hof-Rath appelliret, die Appellation aber nicht verfolget hat, dieselbe auch an sich unzuläßig war, (§. XXVI.)

9) daß die Gemeinde im Jahr 1744. einen Adjunctum cum spe succedendi dem Consistorio A. C. präsentiret hat (§. XXVII.) hingegen

10) das thätliche incompetente Verfahren des Catholischen Bischofs und geheimen Raths-Collegii, wodurch das Consi-storium A. C. an der Annahme des Præsentati behindert wor-den, nicht nur durch die Reichs-Cammer-Gerichtliche Ap-pellations-Processe vom 31. August 1744. von aller Rechts-Kraft suspendiret (§. XXVIII. XXIX.) sondern auch

11) durch das Kayserl. Reichs-Cammer-Gerichtliche Man-dats-Erkänntniß vom 4ten September 1747. die Evange-lische Gemeinde in ihrem Besitz-Stande bestätiget, hin-gegen

12) dem *Archidiacono prætenso* ausdrücklich verboten worden, vor oder nach Absterben des Pastoris A. C. jemand als Ge-hülfen oder Nachfolger in diesem Pfarr-Dienst zu präsenti-ren (§. XXX.)

§. XXXII.

Solchemnach war es nun unmöglich, daß mit Bestande Rechtens in Possessorio dessen Grentzen so wenig der Archidiaconus, als die Evangelische Burgmannschaft und Gemeinde in causa ec-clesiastica, coram Judice sæculari, überschreiten durfte a) diese Sach-fällig werden konte.

Jener

---

a) Reichs-Cammer Gerichts-Assessor Freyherr von *Cramer* de Jurisdictione prærogata §. §. 35. 36. in
ejusd. Opuscul. Tom. II. p. 607 608.
Lauterbach C. T. P. L. II. T. I §. 33.
Pütteri Introd. in rem Jud. Imp. §. 147.
Tafingeri Institut. Jurisprud. Camer. §. § 463. 728.

Jener selbst schiene nichts anders zu erwarten, als daß, auf seine eigene und im Osnabrückischen geheimen Raths- Collegio bewürkte Thathandlungen, die Appellation der Evangelischen Burgmannschaft und Gemeinde für überflüßig, hingegen das factische Verfahren für nichtig erkannt, und auf die im Jahr 1702. und 1747. ergangene Mandata eine Paritori-Urthel erfolgen, mithin die Evangelische Burgmannschaft und Gemeinde in ihrem vor- längst klar erkannten rechtmäßigen Besitze des Präsentations- Rechts gehandhabet würde.

§. XXXIII.

Wider alles rechtliche Verhoffen aber warb am 31. May 1754. die unter U. anliegende b) Urthel eröfnet, darin die für die Gemeinde ergangene Mandata S. C. nicht aufgehoben, folglich ihr Possessorium für gegründet stillschweigend eingestanden, hinge- gen in Petitorio zu Recht erkannt worden:

U.

daß das strittige Jus Patronatus der Kirche zu Melle Augu- stanæ confessionis appellato, quä Archidiacono & Sacellano Epi- scopali daselbst, zu adjudiciren, hingegen appellantische Burgmänner und Gemeinde zu gedachtem Melle mit ihrem darauf gemachten Anspruch ab- und zur Ruhe zu ver- weisen.

§. XXXIV.

Wiewohl auch die Evangelische Burgmannschaft und Ge- meinde damwider im October 1755. das Remedium Restitutionis in integrum ergriffen, und causaliter deduciret hat: So ist bennoch vom Kaiserl. Reichs-Cammer-Gericht, ohne über deren Erheblichkeit zu erkennen, ohnangesehen des Remedii suspensivi, auf eine vom Archidiacono geleistete Caution, und am 13ten Octob. 1757. ex- trajudicialiter eingereichte Supplication, folgenden Tages am 14ten October 1757. da das Hochstift Osnabrück mit Französischen Krieges-Heeren überschwemmet war, die unter V. anliegende Verordnung ergangen.

V.

daß das Consistorium zu Osnabrück den Neo provisum exa- miniren und ordiniren, der Archidiaconus hingegen denselben gegen die geleistete Caution in den Pfarr-Dienst zu Melle einsetzen solle.

§. XXXV.

Der sogenannte Neo provisus war ber von dem Archidiaco- no auserwählte und dem Consistorio A. C. im October 1755. an

F

Statt

---

b) Cramers Wetzlarische Neben-Stunden XVII. 3.§. 11. S. 63.

Statt des immittelſt verſtorbenen alten Paſtoris Kuhmann an=
maßlich präſentirte Candidatus (primum Theologiæ, deinde Juris,
poſt iterum Theologiæ) Namens Johann David Höger, welcher
unter dem Vorſchub des, auf der incompetenten Petitorial=Ur=
tel von 1754. gegründeten, pendente remedio reſtitutionis ſuſpenſi-
vo, der Cammer=Gerichts=Ordnung zuwider, ergangenen Cam=
mergerichtlichen Erkenntniſſes vom 14.ᵗᵉⁿ October 1757. bey da=
mahliger Krieges=Zeit und Catholiſch=Biſchöflicher Regierung,
der Evangeliſchen Gemeinde aufgedrungen, nachhero aber, be=
gangener Simonie c) getriebener Hurerey, abgetriebener Frucht
im Mutterleibe und anderer groben Exceſſe ſo höchſt=verdächtig
befunden worden, daß er durch eine von löblicher Juriſten=Facul=
tät der Hochfürſtlich Heſſiſchen Univerſität zu Marburg eingeholte,
am 13. November 1765. eröfnete, dahier unter W. anliegende
Urthel ſeiner vielfältigen Begünſtigungen halber, des Pfarr=
Dienſtes entſetzet, und in Anſehung obbemerckter Verbrechen der
Fiscal wider ihn ſeines Amts erinnert worden.

W.

§. XXXVI.

Des Kaiſerl. Reichs=Cammer=Gerichts=Urtheile vom
31. May 1754. und vom 14. October 1757. worin, mit Ueber=
gehung

---

c) Wahre ächte Archidiaconi nehmen keinen Geiſtlichen zur Seelen=Sorge,
woferne er nicht zuvor geſchworen, quod in adoptione beneficii ſimoniam
non commiſerit.

Kreß vom Archid. Weſen c. 2. §. 10. S. 27.

Das Gegentheil iſt alſo wol clariſſimum indicium Pſeudoarchidiacono-
rum, von denen unterſcheidet die ſogenannte Archidiaconos.

Ambroſius in cap. XVIII. Apocal.

alſo: Eſt & aliud ſcelus valde peſſimum, quod ab iis, qui Archidiaconi
vocantur committitur. Nam ab adulteris Presbyteris pretium accipiunt,
& tacendo in malum conſentiunt.

Von eben denenſelben hat der Erzbiſchof von Philippis und Vicarius
Apoſtolicus in den vereinigten Niederlanden, Philippus Rovenius bezeuget:
connivent Archidiaconi ad vitia, recipiunt munera, conferunt beneficia non meritis, implent inanibus & inutilibus Miniſtris Eccleſias,
ut repleant burſas, arcas; Viſitant res pauperum, non erogant pau-
peribus, ſed amicis, immo turpibus perſonis - - ſcandalizant plurimos;
cum impudicis, ſimoniacis ac ſacrilegis diſſimulant propter munera &
quia in eodem luto hærent.

Laurentius à Dript in ſpeculo Archidiac. p. 128.

Insbeſondere von den Osnabrückiſchen Archidiaconis hat

Kreß l. c. C. 6. §. 2. S. 271.

berichtet, daß bey denenſelben Ehebruch für ein geringes Verbrechen
geachtet werde.

gehung des alleinig dahin erwachsenen Poſſeſſorii, in Petitorio ge
ſprochen, und dieſer Petitorial-Spruch ohnangeſehen des remedii
ſuſpenſivi Reſtitutionis in integrum vollſtrecket worden, ſetzen eine
Evidentiam & Fori competentiæ & Petitorii voraus.

§. XXXVII.

In was für ein falſches Licht, ſowol jener, als dieſer
Punct geſetzet worden, um jene gedoppelte Evidentz vorzuſpiegeln, erſcheinet aus dem Vortrage, worauf jene Erkänntniße in
dem Reichs-Cammer-Gerichtlichen Senat ergangen ſind, deſſen
weſentlicher Innhalt nicht von dem Referente Camerali, ſondern,
aus deſſen Relation, bona fide, vom dem Kaiſerl. Reichs-Cammer-Gerichts-Aßeßor, Freyherrn von

Cramer in derer Wetzlariſchen Neben-Stunden Th.
XV. Abhandl. 14. §. §. 6. 7. und Th. XVII.
Abh. 3.
ſodann in Obſervat. Jur. univerſ. obſ. 691.

der gelehrten Welt mitgetheilet worden.

§. XXXVIII.

Welchergeſtalt diejenige Sätze, worauf die Reichs-Cammer Gerichtbarkeit in Petitorio dieſer Sache gebauet werden wollen, nicht nur nicht offenbar gegründet, ſondern vielmehr in facto
& jure offenbar ungegründet, und unerheblich, oder doch zum allerwenigſten höchſt zweifelhaft, und vom geſammten hochlöblichen
Corpore Evangelicorum vorlängſt im J. 1715. 1720. und 1750. in
Schreiben an Se. Kaiſerl. Majeſt. und an die Evangeliſche Herrn
Präſidenten und Beyſitzer des Kayſerl. und Reichs-Cammer
Gerichts beſtritten ſeyen, in anliegender Anzeige an dieſes hohe
Corpus ſowol überhaupt als auch inſonderheit in (§. §. XXXIV. —
XXXIX.) verhoffentlich dergeſtalt dargethan, daß das Irrlicht einer Sonnen-Klarheit Reichs-Cammer-Gerichtlicher Competentz
in Petitorio dieſer Sache, bey jedem Rechts-Gelehrten, der nicht
von Religions- oder andern Neben-Abſichten verblendet iſt, ver
ſchwinden wird.

§. XXXIX.

Die Schein-Gründe, worauf die Vorſpiegelung Evidentiæ
petitorii der Haupt-Sache beruhet, beſtehen darin:

1) Eccleſia parochialis Mellenſis, das Paſtorat oder Beneficium
curatum in Melle, ſeye a prima fundatione dem Dom-Capitul
zu Osnabrück quoad temporalia & ſpiritualia pleno jure derge
ſtalt

ſtalt unitrt, daß ein jeweiliger Archidiaconus ſeu ſacellanus Epiſcopalis, ſeu Rector, paſtorem Mellenſem, ſeu vicarium ſuum, pro exercenda cura animarum je und allezeit deputiret oder conſtituiret habe; d)

2) ſothane Unio ſeye im J. 1258. ab Epiſcopo Brunone beſtäti-get und erneuert. e)

3) In Protocollo Viſitationis Epiſcopalis de Anno 1625. ſeye be-findlich, quod Caſpar Nehem Cathedr. Eccl. Osnabr. ſit colla-tor Eccleſiæ parochialis S. Matthæi in Melle. f)

4) Der Jeſuit Pater Schmier in Jurisprudentia Canonica civili lehre: Illud Capitulum vel beneficium, cui incorporetur paro-chia, ſemper eſſe & manere Rectorem perpetuum hujus paro-chiæ & habere jus deputandi vicarium ad curam animarum ge-rendam - und der Evangeliſche Kirchen-Rechts-Lehrer Böh-mer in Juris Patronatus genuina repreſentatione § 31. ſeq er-kenne, daß aus dergleichen Unione und Incorporatione eine Menge Patronate gewachſen ſey, g)

5) als das Beneficium curatum in Melle per Capitulationem per-petuam Osnabrug. in zwey dividiret worden, ſeye dem Patro-no ſein an der Melliſchen Kirche vorhin gehabtes Recht nicht entzogen, ſondern es beym alten gelaßen; folglich der-ſelbe befugt, ſowol den zweyten, als erſten Paſtorem vel po-tius Vicarium perpetuum zu beſtellen, h)

6) Gleichergeſtalt ſeyn an andern Orten im Stift Osnabrück, wo diviſis reditibus, aus einem Beneficio zwey gemacht wor-den, und das eine dem Catholiſchen, das andere dem Evan-geliſchen Pfarrer zugetheilet worden, dem vormahligen Col-latori Collatio beider beneficiorum verblieben, nemlich zu Wiedenbrück, Gühterslohe, Vörde, und Neuenkirchen, i)

7) Solchemnach habe zu Melle im J. 1651. damahliger Archi-diaconus Eberhard von Nehem nicht nur dem Paſtori Catho-lico Wilhelm Hold, ſondern auch dem Evangeliſchen Pfar-rer, Antonio Seumenich, die Pfarrey conferiret, und die-ſer den Archidiaconum für ſeinen patronum anerkannt. k)

8. Durch

---

d) Cramers Weßl. Neben-Et. XVII. 3. §. 2. S. 51.
e) Ebend.
f) Ebend.
g) Ebend. S. 51. 52.
h) Ebend. §. 3. S. 52.
i) Ebend.
k) Ebend. §. 3. S. 53.

8) Durch denselben habe der Archidiaconus bis 1684. da Seusmenich gestorben, und also über 30. Jahr hinburch Actum possessorium quietum exerciret l)

9) da am 3. und 4. Julii 1651. von den Einkünften der alten Kirche ein Theil, und zwar die Hälfte, der neu= zu errichtenden Protestantischen Kirche zum Unterhalt ihres Pfarrers abgegeben worden, so gebühre dafür dem Rectori ecclesiæ majoris nach dem

    c. 3. X. de eccl. ædific.

Præsentatio sacerdotis, m) und zwar

10) nach dem Pater Krimer addict. cap. & si non ex iisdem roditibus ædificata esset n)

11) nach Pitonii und Schmaltzgruberi Anweisung vermöge Ædificatio nichts contra Jus Patronatus ex ante per dotationem Patrono jam quæsitum o)

12) die Rota Romana habe in vielen Fällen für recht erkannt, quod, si ecclesia jam fuerit dotata & fundata, v. g. ex eleemosynis vel oblationibus, sola vero constructio fuerit peracta per alium ac tertium, hic non acquirat per constructionem jus Patronatus p)

13) die Canonisten Alexander Chassaneus und Janus a Costa sähen nicht einmahl auf Dotationem sondern darauf an quis habitualis cujusdam parochiæ rector sit? q)

14) Auf den Unterscheid der Religion komme es nicht an, sondern seye denen Catholischen patronis ihr Jus patronatus über Protestantische Kirchen per Instrum. Pac. vorbehalten, r)

-15) dadurch, daß von den Einkünften der alten Kirche ein Theil der neuen zugetheilet worden, seye diese jener filial worden; patronus matris aber seye auch patronus filiæ. s)

16) Nach dem Concilio Tridentino Seß. 21. de Reform. cap. 7. seye Patronus nicht verbunden, eine abgebrannte Kirche auf seine Kosten wieder aufzubauen, ex ratione, quod ingens &

      G   in-

---

l) Ebend.
m) Ebend. §. 4. S. 54.
n) Ebend. S. 55.
o) Ebend.
p) Ebend. S. 55. 56.
q) Ebend. S. 56.
r) Ebend. §. 5. S. 57.
s) Ebend. §. 6. S. 58.

inæſtimabile beneficium illi conceſſerit , educendo de non eſſe
ad eſſe ; ſondern die Herſtellung müſſe ex reditibus fabricæ,
und, in deren Ermangelung, aus ſämmtlicher einc epfarre=
ten Beyſteuer geſchehen. t)

17) Nach der Lehre derer Canoniſten von Eſpen , Pirhinghii
und Wieſtneri, werde das Jus patronatus durch bloſſe Aufer=
bauung der Kirche nicht erworben. u)

18) Nach dem Concilio Tridentino Seſſ. 14. c. 12. & Seſſ. 15.
c. 9 de Reform. gehöre Dotatio dazu, und zwar aus ſeinem
Erb= und Eigenthum, mithin müſten hier diejenige, ſo die
collectirte Gelder hergegeben, Patroni ſeyn, wenn das Argu=
ment Mellenſium nicht Schlußlos ſeyn ſolte. v)

19) Allenfalls hätten Mellenſes ihr Jus præſentandi durch Ver=
jährung verlohren , da a tempore fundatæ & erectæ eccleſiæ
40. Jahr verloffen, und binnen ſolcher Zeit in perſona Anto-
nii Scumenich und Joh. Nickamp zwey Caſus vorgefallen,
hingegen nicht erwieſen ſey, daß ſie ſich ante Annum 1694.
ratione juris patronatus gemeldet, w)

20) Was von ihnen A. 1694. und 1720. vorgenommen wor=
den, ſeye vom Archidiacono contradiciret , und könne eine
contradicirte Poſſeßion keinen Effectum juris nach ſich zie=
hen, x)

21) Archidiaconi poſſeſſio ſeye antiquior, quieta, adeoque po-
tior, y)

22) die Reſcripta de A. 1694. & 1695. ſeyen ſine prævia cauſæ
cognitione, und alſo nicht zur Rechts=Kraft erwachſen.

23) Der Fürſt Biſchof habe im Jahr 1696. ſelbſt declariret, daß,
wofern Archidiaconus zu Entkräftung derer in denenſelben
enthaltenen Gründe etwas mit Beſtande ſolte fürbringen
können, derſelbe darunter nicht enthöret werden ſolte, clariſſimo indicio daß Pars dabey nicht gehöret ſey, z)

24) Wenn gleich eine ſummaria cauſæ cognitio vorhergegangen
wäre : ſo ſeyen dennoch dieſe Reſcripta aus dem Fürſtl. Ca=
binet ergangen ; dergleichen Reſcripte zwar nach Carpzovii
und

---

t) Ebend. §. 7. S. 59.
u) Ebend. §. 7. S. 60. §. 8. (o) S. 61.
v) Ebend. §. 7. S. 60.
w) Ebend. §. 9. S. 62.
x) Ebend.
y) Ebend. §. 23. S. 62.
z) Ebend. §. 10. S. 62. 63.

und Bergeri Meynung zur Rechts-Kraft erwachsen mögten, nicht aber nach der Praxi summorum Imperii Tribunalium, welche ihm, Referenti, gantz gewiß bekannt sey (de qua Praxi Referenti certo conſtat.) zz)

25) Wären endlich auch dieſe Reſcripta prævia cauſæ cognitione ergangen, ſo könnten dieſelbe doch contra Capitulationem perpetuam, vermöge deren, bisher debucirtermaſſen, Jus Patronatus competire, nichts vermögen. zzz)

§. XL.

.Quoad 1) & 2) ſtellet man es dahin, ob die von dem Biſchofen Bruno im Jahr 1258. geſchehene Vereinigung der Mellischen Pfarre mit dem Dom-Capitel ſeine Richtigkeit habe, indem die darüber copeyl. beygebrachte Urkunde, an ſich nichts erweiſet, und der Innhalt derſelben gar wohl vermuhten läſt, daß dasjenige, was ſich Bruno einbilden laſſen, von ſeinen Nachfolgern nicht mit gleicher Gefälligkeit angenommen worden. Dem ſey aber wie ihm wolle; ſo liegt der Schluß, welchen der Referens Cameralis macht, daß ſeit ſolcher Zeit der Archidiaconus ſeu Sacellanus ſeu Rector den Pfarrer zu Melle als ſeinen Vicarium oder Curatum dahin deputiret habe, gewiß in dieſer Urkunde nicht, und der gewaltige Sprung, welchen er vom Jahr 1258. ins Jahr 1625. macht, ohne einen einzigen Actum aus dieſer Zwiſchen-Zeit anzuführen, läſt einem ſehr vernünftigen Zweifel Raum.

§. XLI.

ad 3) das Protocollum Viſitationis vom Jahr 1625. iſt eine unbekannte und unangenommene Schrift, welche dem Vorgeben nach, unter dem ehemaligen Biſchofe und Cardinal Itel Friederich von einem ausgeſchickten Viſitatore ex auditu aliorum verfertiget ſeyn ſoll. Sie beweiſet alſo in der Maße nichts; und ſpricht ſo wenig von einem Archidiacono, als Sacellano.

§. XLII.

Was ad 4) die Lehre des Pater Franciſcus Schmier anlanget; ſo iſt ſolche, wie alle theſes juris, zu allgemein, um daraus ſofort auf einen beſtimmten Fall zu ſchlieſſen. Denn a) ſetzt derſelbe eine unionem liberam voraus; Es iſt aber noch nicht ſicher, daß der Biſchof Bruno Patron der Melliſchen Pfarre geweſen. Es iſt b) im Stifte Osnabrück noch lange nicht ausgemacht, daß

G 2   das

---

zz) Ebend. §. 10. S. 62.
   Add. *Cramer* in Obſervat. Jur. univerſi T. II. P. II. Obſ. DCXCI. p.
     297. 298
zzz) Cramer in Weſtl. Neben-St. XVII. 3. §. 10. S. 63.

das Capittel, welches ein beneficium incorporiret, rectoriam plenam erlange; und mithin c) eine sehr grosse Frage: ob nicht der Pfarrer an der alten Kirche zu Melle eigentlich rector ecclesiæ gewesen? Man will die Gründe, warum das letztere glaublicher ist, hierunter anführen, und sich vorjetzt begnügen, mittelst der vom Bischofe Conrad dem Closter Berßenbrinck im Jahr 1280. ertheilten Urkunde **X.** zu zeigen, wie zur Zeit der vom Bischof Bruno vorgenommen seyn sollender Union der Stiel gewesen. Die Kirche zu Gerde war dem Closter Berßenbrinck incorporiret. Gleichwol blieb a) Ernst von Geßmold Patron derselben. Es hieß zwar b) die Aebtißin des Closters Rector ecclesiæ; jedoch dieses nur honoris causa; denn auch der Pfarrer Hermannus wird Rector genannt; und endlich wird c) der Archidiaconus von allen dreyen unterschieden. Wenn man hier die Lehr-Sätze des Pater Schmier auf eine unbescheidene Art anwenden wollte: so würd: der Patronus nicht von der Abbatissa rectrice, und diese nicht von dem Hermanno rectore, noch nach den Sätzen des Archidiaconi die rectoria nicht ab Archidiaconatu unterschieden seyn. Auf den Böhmer aber hätte man sich nur gar nicht beziehen sollen. Dessen historisch-critischer Bericht lautet so naif als gründlich also: Docent *antiqua diplomata, exempla & monumenta,* prælatos, & qui majorem in clero habebant auctoritatem, quales erant *clerici cathedrales, inbiasse,* ecclesiis parochialibus, idque unice egisse, quo pinguissimos eorum reditus pro parte suos facerent suisque beneficiis *incorporarent.* Neque enim qui tales uniones quæsiverunt, id intenderunt, ut simul in ecclesiis unitis curam pastoralem exercerent, & sacra ibidem administrarent, sed potius, ut bonorum possessores fierent, reditus potiores perciperent, & partem quandam, instar annuæ *mercedis,* vicariis adsignarent. Hæc *unionis species* necessario possessoribus beneficii, principalis, quos *rectores* vocare solent, peperit jus patronatus. Constituunt enim in beneficiis unitis Vicarios, qui vice sua, sacra ibidem peragent, ad instar mandatariorum *Conductitiorum* clericorum a) die von ihm ab unione ad jus patronatus gezogene Folge, kan zwar wohl in thesi hie und da ihre Richtigkeit haben. In specie aber beweiset dieselbe nichts, da die Urkunde des Bischofen Conrads von dem Stifte Osnabrück das Gegentheil zeigt; und in attenta unione den Patronum in seinen Würden läßt.

§. XLIII.

---

a) Add. Bœhmer in I. E. P. T. II. pag. 418. 427. ubi: Ecclesiæ parochiales frequentissime unitæ sunt Præbendis canonicalibus, quarum possessores non curam harum ecclesiarum, sed earum lucrum solummodo spectarunt captaruntque, & hoc sibi addixerunt, constituto conductio pastore, in iis; quas filias vocant, pro certa mercede. Quod à Praxi Protestantium hodierna alienum est. Qui tantarum rerum repugnantiam & diversitatem non videt, nihil profecto sapit. Ridiculum admodum & ἀτοπώτατον est, ducere velle argumentum ab illis conductitiis ecclesiis ad nostras, quas vocamus, filias.

§. XLIII.

'Ad 5) hat dem Archidiacono qua tali nicht die allergeringste Befugniß an dem Patronat-Recht der alten Kirche zu Melle zugestanden; Es ist noch mit nichts erwiesen, daß die von dem Bischofen Bruno vorgenommene Union den Sacellanum zum Rectore ecclesiæ antiquæ gemacht habe; die Lücke vom Jahr 1258. bis 1625. woraus der Gegentheil kein einziges Beyspiel angeführt, daß der Sacellan dem Pfarrer an der alten Kirche gesetzt habe, bleibt so dunkel, daß daraus keine evidentia petitorii hervorgehen kann; und da die beiden Beneficia an der alten Kirche im Jahr 1624. mit evangelischen Predigern besetzt gewesen, (§. IV.) da diese aller Vermuhtung nach, nicht von einem Catholischen Sacellano, sondern von dem damahligen evangelischen Bischofe Philip Sigismund gesetzt worden; da weiter ipse parochus Mellensis rector ecclesiæ seyn können, und es auch vermuhtlich gewesen; so ist es sicher sehr übereilt geschlossen, wenn man sagt, daß dem Archidiacono als Patron der alten Kirche, sein Recht durch die immerwährende Capitulation nicht entzogen worden.

Wenn aber auch, wie doch urkundlich falsch ist, Archidiaconus im Jahr 1624. und 1648. zu Melle Patronus der alten Kirche gewesen wäre; so würde er es zwar an der alten Kirche bleiben, an der neuen aber nur alsdenn geworden seyn, wenn zugleich, ex rediribus fabricæ der alten, die neue fundiret und erbauet, auch nicht ein anders verordnet wäre.

§. XLIV.

ad 6) Würkliche Irrthümer sind es, worauf die vermeynte Observanz gegründet ist. Vörden und Neuenkirchen, sind notorie zwey Bischöfliche Tafel-Pfarren, welche von dem zeitlichen Bischof vergeben werden, und ihm nach der Theilung qua ordinario von Rechtswegen gelassen worden, ohne daß sich die Rectores dieser beiden Kirchen auch nur im geringsten dawider gerühret. Nach diesem Vorgange zu urtheilen, hat man also zu Osnabrück die dem Referenti Camerali gerade entgegen stehende Grund-Sätze befolget.

Die Kirche zu Gütersloh hingegen wurde 1624. von mehr als einem Evangelischen Pastore versehen;

v. Meiern Act. Pac. Westphal. T. VI. pag. 440.

Und wie nachgehends zwischen dem Grafen von Tecklenburg als der dortigen Landes-Obrigkeit, und dem Capitul zu Wiedenbrück ein Streit super jure patronatus entstand, wurde derselbe vermöge des Hagischen Recesses vom 5ten August 1655. durch den Cardinal Franz Wilhelm solchergestalt verglichen, daß,

H weil

weil besagtes Capitul die dortigen Prediger-Stellen im Jahr 1624. besetzet hatte, demselben auch das Patronat verbleiben solte; welches um so viel weniger Zweifel finden konte, da niemand vorhanden war, welcher ex Fundatione, Exſtructione vel Dotatione novæ ecclesiæ ſolches demselben ſtreitig zu machen ſich befugt erachten mogte.

Es gehöret alſo dieſer Fall gar nicht hieher, und iſt alſo billig zu verwundern, warum man nicht auf die drey Orte, Quaꝛ ckenbrück, Biſſendorf und Neuenkirchen bey Melle, als woꝛ ſelbſt eben wie zu Melle ganz neue Kirchen errichtet, und das Paꝛ tronat-Recht nicht den Rectoribus Ecclesiarum antiquorum, ſondern dem Ordinario überlaſſen worden, vorzüglich zurück geſehen, mitꝛ hin nach ſolchen die bis dahin geführte Principia beurtheilet habe.

So viel iſt inzwiſchen aus jenen Beyſpielen klar, daß der Rector Ecclesiæ antiquæ das Patronat-Recht überall, wo eine neue Kirche erbauet, oder das Simultaneum eingeführet worden, nichts erhalten habe.

§. XLV.

ad 7) Daß der Catholiſche Wilhelm Holß von dem damaꝛ ligen Archidiacono ſeine Beſtellung erhalten habe, will man nicht in Zweifel ziehen, ob es gleich damit noch nicht ausgemacht iſt, ob der Archidiaconus dieſes als Sacellanus Episcopi, oder als Rector ecclesiæ, oder als patronus oder vi alicujus mandati episcopalis qua ordinarii gethan habe. Daß aber der zwiſchen 1634. bis 1648. von damahliger Evangeliſchen geiſtlichen Obrigkeit an die alte Kirche zu Melle geſetzte Evangeliſche Paſtor, Anton Seumenich, am 14. April 1651. den Catholiſchen angeblichen Rectorem Eccleſiæ antiquæ und Archidiaconum Eberhard von Nehem, als Rectoꝛ rem und Patronum der allererſt im Jahr 1653. auferbaueten Evanꝛ geliſchen Kirche, mithin dieſe Evangelicis eigene Kirche, als ein Fiꝛ lial der Catholicis überlaſſenen Kirche, und ſich als des Catholiꝛ ſchen Rectoris Ecclesiæ vicarium, anerkannt haben ſolle, ziehet man billig ſo lange in Zweifel, bis der nur in Abſchrift beygebrachte Revers im Original vorgeleget, des Paſtor Seumenichs Unterꝛ ſchrift mit deſſelben ungezweifelter Handſchrift durch Kunſt-Erꝛ fahrne verglichen und geprüfet worden ſeyn wird.

Doch bedarf es dieſer Weitläuftigkeit nicht, da, wenn auch Paſtor Seumenich, etwa durch das im Jahr 1625. erkünſtelte Inſerat des Biſchöflichen Viſitations-Protocolls verblendet, ex abundanti cautela, pro redimenda vexa Archidiaconali, den Revers ausgeſtellet, und einen Collatur-Brief vom Archidiacono angeꝛ nommen haben ſolte, ſolcher Winkelhandel der Evangeliſchen Geꝛ meinꝛ

meinde um destoweniger präjudiciren kan, b) da Collator prætensus
sein Subjectum nicht in Gefolg der Osnabrückischen beständigen
Capitulation Art. 12. und 14. dem Consistorio A. C. präsentiret hat.

Es ist dahero quoad 8) dieser von Referente Camerali sogenannte Actus possessorius quietus, wenn er kein Actus fictus seyn
solte, ein Actus imperfectus & clandestinus, welcher durchaus keinen Effectum Juris nach sich ziehen kan. c)

Sein Alter mag seine heillose Gebrechen nicht decken noch
heilen, und die Einbildung des Archidiaconi daß er durch den
angeblichen Revers des Seumenichs in possessione rectoriæ bey
der neuen Kirche sey, der Evangelischen Gemeinde nicht schaden.

§. XLVI.

Ad 9) Erstlich in facto ist es ein unerwiesenes Angeben,
daß Archidiaconus jemahls Rector ecclesiæ antiquæ in Melle gewesen, und solte auch die im Jahr 1258. angeblich geschehene unio
plena & libera, mithin in Gefolge derselben, ein zeitiger Bischöf-
licher Sacellan Rector ecclesiæ antiquæ Mellensis gewesen seyn; so
hat es doch alles mögliche Ansehen, daß die rectoria im Jahr
1624. nicht mehr mit dem Sacellanat vereiniget gewesen, inn
maßen

a) das Capitulum selbst nicht nomine Sacellani, sondern nomine
Archidiaconi im Jahr 1684. protestiren lassen. Hiernächst
müste

b) der prætensus Rector die eigentlichen proventus beneficii cura-
ti und insbesondere die Zehnten besitzen, mithin seinem Vicario ein Salarium gegeben haben,

Card. de Luca descept. X. de paroch. n. 6.

die Zehnden sind aber inter pastores getheilet. Dann ist

c) bekandt, daß Rectores ecclesiæ, welche ihre Kirchen mit Vicariis besetzen, sich einige jura honorifica, als z. E. das Opfer
an den vier hohen Festen, wenn sie das heilige Amt verrichten, vorzubehalten pflegen,

Espen in jure eccl. p. II. tit. 34. C. L n. 33.

allein auch davon findet sich keine Spur; und der prætensus
Sacellanus hat

H 2   d) das

---

b) Pactum, cum parocho initum, Parochianos neque obligare, neque
illis damnosum esse potest.
　　　Ludolf Obf. For. III Obf. 275. pag. 202.
c) Cramers Wetzl. Nebm-Se. XVII. 3. §. 9. S. 61.

c) das Pfarr-Lehn bey der alten Kirche in Melle nie als ein Vicariat sondern als eine Pastorey vergeben.

Wäre er aber auch Rector der den Catholischen überlaßenen alten Kirche: so ist dennoch in der Osnabrückischen beständigen Stifts-Capitulation, denen Evangelischen zu Melle ausdrücklich eine eigene, von ihnen fundirte und auferbauete Kirche zugestanden, folglich dieselbe keine *filia* ecclesiæ antiquæ, noch auch diese in Ansehung jener pro Ecclesia *majori* zu achten.

Wie reimet sich auf die Evangelische Kirche die in dicto Cap. 3. enthaltene Provisio Papalis, ut competens in ea honor Matrici Ecclesiæ servetur?

Diese vom Pabst Alexander dem III. im Jahr 1170. an den Erz-Bischof von Yorck erlaßene Verordnung gehet dahin, daß derselbe in dem eingepfarreten Dorfe, dessen Einwohner zur Winters-Zeit wegen Ueberschwemmungen nicht ohne große Schwierigkeit die Pfarr-Kirche an dem entlegenen Orte besuchen konnten, eine Kirche bauen, und daran einen Priester auf des Rectoris majoris ecclesiæ Präsentation mit des Fundatoris Bewilligung setzen, und sothaner Priester nebst denen 20. Englischen acris Artland, welche der Herr des Dorfs dazu stiften wolle, die Kirchen-Einkünfte besagten Dorfs, weil die Haupt-Pfarr-Kirche ohnehin überflüßiges Einkommen hätte, zu erheben haben, jedoch der Mutter-Kirche an dem Filial noch ein sogenannter competens in ea honor pro facultate loci bevorbleiben solte.

Hingegen in der von Kaiser und Reichswegen zwischen den Catholischen und Evangelischen Reichs-Theilen in Gefolg und Kraft des Reichs-Friedens-Schlußes im Jahr 1650. errichteten Osnabrückischen Capitulation ist verordnet, daß zu Melle die Evangelischen die zeithero innegehabte alte Kirche nebst allen Reditibus fabricæ, und der einen Hälfte übrigen Einkommens denen Catholischen überlaßen, jedoch nebst der andern Hälfte Einkommens ihnen eine eigene Kirche zu erbauen bevor bleiben solle.

Kan nun wol etwas ungereimters in Grundsätzen, Einrichtungen und Folgen erdacht werden, als nach jener päbstlichen Verordnung diesen Evangelisch-Catholischen Vergleich beurtheilen wollen?

Selbst bey der Rota Romana würde man dieses nicht miskennen. Wenigstens hat der Cardinal Joannes Baptista de Luca d) solches erkannt, indem er de Matre Catholica & Filia Græca geur-

geurtheilet, daß auf einen solchen Fall die sonst gewöhnliche Rechts-Sätze de Ecclesia matre & filia ihre Anwendung verlieren.

Und ein Reichs-Cammergerichtlicher Senat will eine von Kayser- und Reichswegen der Evangelischen Gemeinde zu Melle anstatt ihrer im Jahr 1624. gehabten zum Reichs-Friedens-Opfer Catholicis überlaßenen alten Kirche zugestandene neue eigene Kirche jener Catholischen als ein Filial unterwerfen? Solte wol dieses Probestück einer Cammergerichtlichen Dijudicatur causæ ecclesiasticæ in petitorio Ein Hochlöbliches Corpus Evangelicorum gegen die Reichs-Gerichtliche Petitorial-Behandlung Geistlicher Sachen ihrer Glaubens-Genoßen gleichgültig machen.

§. XLVII.

Ad 10) Pater Krimer ist zwar in seiner ampliatione c. 3. X. de eccl. ædif. mit dem Pabst Alexander gantz wol einverstanden. Beide aber, wenn auch ihre Verordnungen und Lehren gegen eine Evangelische Kirche und Pfarre zur Richtschnur dienen könten, sind auf gegenwärtigen Fall, wo weder Matrix noch filia, noch Ecclesia major noch Ecclesiæ majoris Rector ist, ungereimt. Noch seltsamer ist es

Quoad 11) daß Referens Cameralis Marinum Pitonium dem Archidiacono zu Gunsten habe anführen mögen, da dieser Canonist an dem angeführten Ort ausdrücklich lehret: Ad jus patronatus acquirendum tria copulative concurrere debent, scilicet: titulus Fundationis, Dotationis & Constructionis.

Nun hat aber nicht Archidiaconus, sondern die Evangelische Gemeinde ihre Kirche fundiret, und erbauet, und von der Anno 1624. in Evangelischen Handen gewesenen alten Kirche ihren Einkünften, exceptis fabricæ reditibus, die Hälfte pro dote behalten.

Wie mag dann nun pro Archidiacono prætenso Titulus fundationis & constructionis copulative angeführet werden?

§. XLVIII.

Eben so widersinnig ist quoad 12) Decisio Rotæ Romanæ hier angebracht. Zu der Evangelischen Kirche in Melle hat dasige Evangelische Gemeinde den Grund für 425. Rthlr. gekauft, und also dieselbe fundiret. Aus eigener und gesammleter Beysteuer hat sie dieselbe auferbauet. Was denen Evangelischen von den Einkünften der im Jahr 1624. gehabten alten Kirche zu Dotirung ihrer neuen vorbehalten worden, haben sie der Milde Archidiaconi im mindesten nicht zu dancken. Wie paßt demnach jene Decisio Rotæ Romanæ anhero.

C   §. XLIX.

§. LXIX.

Ad 13) Wie ungereimt die Lehre de *habituali parochiæ rectore* auf die Evangelischen Kirchen-Verfaſſung ſey, ſtellet die oben §. XLII. vorgelegte Stelle aus der Gegenſeits ſelbſt angezogenen Böhmeriſchen *Genuina repræſentatione* Patronatus ins Sonnenklare Licht, wobey die Archidiaconaliſche Patronats-Prätenſion, ſamt ihrem *Patrocinio* zu Schanden werden muß. Zwar giebt es leider *de facto* auch Miethlinge in Evangeliſchen Kirchen, bevorab wo die *Præſentationes* von Catholiſchen *Patronis* nicht mit einem Roſennobel, ſondern mit hunderten, ja tauſenden, mit ganzen väterlichen Erbtheilen, Brautſchätzen, und wohl noch dazu geborgten Capitalien, zu deſto größerem Scandal, wol gar durch Juden, erkauffet werden müßen, und ſolches ſo gar öffentlich in dem Angeſicht des Reichs hat gerechtfertiget und beſchöniget werden wollen, e) *Ex profeſſo* aber, nach der Augsburgiſchen Confeßion, mögen in der Evangeliſchen Kirche ſo wenig *Rectores ecclesiarum habituales* als *Paſtores mercenarii, conductitii &c. &c.* Statt finden. *Faceſſat itaque Chaſſanæi habitualis rector ex parochiis Evangelicorum.*

Es iſt aber auch, wie ſchon mehrmahlen angemerckt worden, nicht einmal erwieſen, daß *Archidiaconus habitualis Rector ecclesiæ antiquæ Mellensis* geweſen.

§. L.

Ad 14) Auf den Unterſchied der Religion kommt es allerdings an. Nur denen Catholiſchen *Patronis*, welche im Jahr 1624. ein Patronat über Evangeliſche Kirchen exerciret haben, iſt ſolches zuſtändig. Nur dieſer Beſitzſtand, keineswegs aber *Argumenta Juris Pontificii, Concilii Tridentini, Rotæ Romanæ &c. &c. ab unione vel Incorporatione a qualitate Rectoris habitualis &c. &c,* und dergleichen faule Stützen begründen ein Catholiſches Patronat über Evangeliſche Kirchen.

§. LI.

Ad 15) Bereits oben §. XLVI. iſt die ſelbſt von einem Cardinal der Römiſchen Kirche anerkannte Ungereimtheit dieſes Satzes in dem Fall, wo die zwey Kirchen verſchiedener Religion ſind, angezeiget, überdem auch in *facto* vorhin ſchon mehrmahlen bemercklich gemacht, daß hier weder *Matrix* noch *Filia* vorhanden, und daß ſogar des *Archidiaconi* Patronat an der alten
Kirche

---

e) *Vindiciæ* des höchſtverletzten Landesfürſtlichen Reſpects 1696. p. 57. — 61.
Conſ. *Antivindiciæ Hildeſienſes* p. 163. — 175.

Kirche ungegründet sey; Nicht einmahl zu gedencken, daß das
Argument a Patronatu Matris ad Filiam an sich Schlußlos ist. f)

§ LII.

Quoad 16) das Concilium Tridentinum kan überhaupt, insonderheit aber nicht in der Materie von Evangelischen Pfarr-
Bestellungen zur Richtschnur dienen. Wenn aber auch das Jus
& onus patronatus bey einer Evangelischen Kirche nach dem Concilio Tridentino zu beurteilen wäre: so ist dennoch in dem Punct,
worauf es hier ankomt, daßelbe gerade gegen den Patronum præ-
tensum; wie es dann auch diesen würcklich verbindet. g) Es be-
sagt in der angezogenen Stelle ausdrücklich, daß in dem Fall,
wenn der Kirche Einkünfte nicht hinreichen, vor andern tl: Patroni zur Wiederaufbauung des verfallenen Kirchen-Gebäudes
verbunden seyen, und in deren Ermangelung allererst die Eingepfarreten dazu angehalten werden könnten. h) Der Gegenseits
mehrmalen angezogene Bœhmerus i) lehret eben aus dieser Stelle
des Concil. Tridentini, quod Patronus præ Parochianis ad hoc onus
reficiendi templum teneatur, adeo, ut sub pœna privationis juris patronatus hoc ei injungi possit. Ist es aber nicht traurig, wenn ein
höchster Richter, nicht allein Gesetze, welche gegen die Parthey,
wogegen er sie anführet, keine Kraft Rechtens haben, zum Ent-
scheidungs-Grund annimt, sondern auch sogar dieselben gantz
verkehrt anführet?

§. LIII.

Ad 17) Wird gleich das Jus patronatus durch bloße Aufer-
bauung nicht erworben: so gehöret sie doch dazu. Und die Gemeinde hat ihre Kirche nicht nur auferbauet, sondern auch fundiret; Archidiaconus aber keines von beiden geleistet. Wie sind
demnach die angezogenen Canonisten für denselben, und gegen
die Gemeinde, zu gebrauchen?

§. LIV.

Ad 18) Auch hier stehet das Concilium Tridentinum nicht
Mellensibus Evangelicis, die es nicht bindet, sondern Archidiaco-
no, den es bindet, entgegen; und dennoch ist es gegen jene von
Referente Camerali angeführet. Wo ist dann erwiesen, daß es
Archidiaconi Erb- und Eigenthum gewesen, woraus die Evange-

J 2   lische

---

f) *Bœhmer* in J. E. P. T. II. p. 423.
g) *Kreß* vom Archid. Wesen C. 4. §. 9. S. 88.
h) *Bœhmer* in J. E. P. T. III. p. 1006.
i) *Bœhmer* in J. Paroch. Sect. VII. C. 3. §. 5.

liſche Kirche botiret worden? Und iſt nicht das, was einer aus
milder Hand von andern empfangen hat, deſſen Eigenthum worden? Iſt es nicht ganz einerley, ob einer ſein Haus aus ſeinem
Vorrath oder aus dem, was ihm dazu geſchencket worden, erbauet? Iſt es nicht vernunftlos, das Gegentheil behaupten wollen, um das Argumentum Mellenſium Schlußlos zu nennen?

§. LV.

Ad 19) Da Mellenſes im Jahr 1653. ſchon einen vor vielen
Jahren von damahliger Evangeliſcher geiſtlicher Obrigkeit ordentlich beſtellten Pfarrer hatten, und mit demſelben zufrieden
waren: So hatten ſie nicht nöthig, nachdem ihre neue Evangeliſche Kirche fertig war, einen andern Pfarrer von neuen zu wäh-
len und zu präſentiren.

. Folglich fallen von denen angeblich verloſſenen 40. Jahren, woraus man eine Verjährung a tempore erectæ eccleſiæ er-
rechnen will, auf einmahl 31. hinweg. Hingegen ſtehet dem Archidiacono prætenſo, welcher ſeit 1653. da er, als Patronus, oder
Collator, nach Maaßgab der Osnabrückiſchen beſtändigen Stifts-
Capitulation Art. 14. dem Conſiſtorio A. C. den Paſtor Seumenich oder ein ander ſubjectum hätte präſentiren ſollen, ſolches aber
nicht gethan hat, die Verjährung offenbar entgegen.

Für die Evangeliſche Gemeinde iſt es hier in poſſeſſorio genug, daß ſie vor der im Jahr 1698. geſchehenen Dom-Capitu-
lariſchen und Archidiaconaliſchen Thätlichkeit, und darauf im
Jahr 1699. entſtandenen Rechts-Streit die letztere Actus poſſeſſo-
rios vel quaſi juris præſentandi von 1694. und 1695. nec vi nec clam
nec precario verrichtet hat.

§. LVI.

Ad 20) Daß ein ſolcher Actus poſſeſſorius, der weder mit
Gewalt, wie die Archidiaconaliſche Intruſio Kahmanni im Jahr
1698. noch insgeheim, wie die Archidiaconaliſche Winckel-Col-
latur im Jahr 1651. noch precario geſchehen, keinen effectum juris (ſcil. manutenentiæ vel redintegrandi ſpolii) nach ſich ziehen könne, iſt contra prima principia juris. Wenn bloß contradicirte
Poſſeßion, wie es hier heißet, keinen Effectum juris nach ſich ziehen könnte, ſo wäre es ſo gar um alle Poſſeßion ex Inſtrumento
Pacis Weſtphalicæ geſchehen, wogegen nicht nur der Pabſt, ſondern auch ſo gar Biſchof Frantz Wilhelm k) contradiciret haben.

§. LVII.

---

k) Kreß vom Archid. Weſen C. 4. §. 14. S. 109.

§. LVII.

Ad 21) des Archidiaconi angeblicher Actus vom 14. April 1651. ist kein Actus præsentationis, wovon die Frage ist, und wor= auf es ankomt. 1) Ohnehin ist es Actus clandestinus, kan folg= lich keinen Effectum juris nach sich ziehen, er mag so alt und im Finstern so ungestöret geschehen seyn, als er wolle. Kurz! dieser Actus ist nichts, als ein alter Archidiaconal=Streich, wovon ein grosser Rechts=Gelehrter diese Anmerkung gemacht hat:

„Absonderlich kommt die Arglist bey dem Archidiaconal=
„Wesen darauf an, daß die Archidiaconi erst ihre Händel ei=
„ne Weile heimlich zu treiben suchen, bis sie alt werden,
„und diejenige, so darum wissen, absterben; so bald dieses
„geschehen, werden hernach mit der Zeit solche clandestina
„molimina, als legitimi actus possessorii gedruckt, und sowol
„ratione consuetudinis als præscriptionis öffentlich provoci=
„ret. II)

§. LVIII.

Ad 22) Wären die Rescripta, wodurch der zwischen Dom= Capittul und Archidiacono prætenso an einem; sodann Evangeli= scher Burgmannschaft und Gemeinde zu Melle am andern Theil über das Präsentations=Recht an dasiger Evangelischen Kirche im Jahr 1693. und 1694. entstandene Rechts=Streit von dem Churfürsten Ernst August dem I. als Bischofen zu Osnabrück mit genauer Anführ= und Erwegung beiderseits angeführter Grün= de inhæsive entschieden worden, von dem Referente Camerali nur mit Aufmerksamkeit ganz durchgelesen: so würde er den Fehler nicht begangen haben, ein Rescriptum von 1695. welches gar nicht existiret hinzu zu dichten, noch weniger aber gegen deren deutli= chen Innhalt anzugeben, daß sie sine prævia causæ cognitione er= gangen seyen.

Selbst aus dem Rescripto inhæsivo vom 6ten December 1694. ist ersichtlich, daß der Evangelischen Gemeinde Deductions= Schrift schon im Februar. 1694. dem Dom=Capittul und Archi= diacono communiciret, und von denenselben in erster und zweyter Instanz zu Begründung ihrer Präsentations=Prätension Argu= menta vorgestellet seyen, welche in denen Rescriptis vom 5ten No= vember und 6ten December 1694. genau angeführet und elidiret sind.

I) *Behmer* in I. E. P. T. II. p 423. ubi:
„ hätte das fundamentum probationis Patronatus in Actibus Præsenta=
„ tionis gesetzet werden sollen.

II) *Kreß* Erläuterung des Archid. Wesens c. VI. §. 13. S. 308.

Qua fronte mag man dann angeben, daß diese gnädigst ge=
rechteste Rescripta Decisiva des in GOtt ruhenden Churfürsten
Ernst August des I. glorreichst. Anged. sine prævia cauſæ cognitione
ergangen seyen?

Diese Eigenschaft haben nur diejenigen, welche in dieser
Sache der Archidiaconus prætensus im Jahr 1698. beym Dom=
Capittul sede vacante, und im Jahr 1744. bey dem Osnabrücki=
schen geheimten Raths=Collegio erschlichen, und Referens Camera-
lis mit tiefem Stillschweigen zu übersehen beliebet hat, ohngeach=
tet gegen jene das Kayserl. Reichs=Cammergerichtliche Mandat
S. C. vom 6ten Sept. 1702. und gegen diese die Reichs=Cammer=
Gerichtliche Appellations=Proceße vom 31sten August 1744. wie
auch das Reichs=Cammer=Gerichtliche Mandat S. C. vom 4ten
Sept. 1747. erkannt worden. Ist das gleich durchgehende Justitz?

§. LIX.

Ad 23) daß der Evangelische Bischof dem=gegen die mit
unwidersprechlichen Gründen bestärkte Rescripta decisiva murren=
den Dom=Capitul und Archidiacono noch im zweyten Jahre dar=
nach fernerweites rechtliches Gehör (versteht sich in rechtlicher
Ordnung mittelst des=binnen 4. Jahren noch zuläßigen Remedii
Restitutionis in integrum) angedeyhen zu laſſen gnädigst gerechtest
sich erboten hat, soll, nach des Referentis Cameralis Logica Proba-
bilismi, clariſſimo indicio gereichen, daß der Bischof die beiden Rescripta, worin beiderseits vorgebrachte Gründe ausführlich ent=
halten und entschieden sind, ohngehört der einen Parthey, erthei=
let habe. Was soll man von einem solchen Referenten denken
und sagen?

§. LX.

Ad 24) Solte wohl ein Referent, der solche clariſſima indi-
cia gegen sich gegeben hat, verdienen, daß man seiner Bezeugung,
de hac vel illa praxi summorum Imperii Tribunalium sibi certo conſta-
re, traue? Und was ist das für ein unstatthaftes Richterliches
Zeugniß, einem höchsten Reichs=Gerichtlichen Senat bezeugen,
daß dieses oder jenes beider höchsten Reichs=Gerichte Praxis sey?

Zwar ist es nur in der Eydes=Formel derer Kayserlichen
Commiſſarien und Reviſoren ausdrücklich enthalten, daß sie nicht
aus eigenem, gesuchten, sondern aus den Rechten informirten
Gewiſſen gleich richten und urtheilen sollen. m)

Es

---

m) C. G. O. III. 53. 9.
Deckherr in Relect. vindic. ad Tit VII. n. 44.
Textor ad Rec. I. Noviſſ. Ex. XIII. n. 35.
Zwirlein Concept Cammer-Gerichts Ordnung S. 598. a)

Es ist aber wohl kein Zweifel, daß denen Reichs-Cam-
mer-Gerichts-Beysitzern in der Cammer-Gerichts-Ordnung n)
eben dieses eingeschärfet sey, in den Worten:

Die Beysitzer des Cammer-Gerichts sollen in keiner Sache,
sie sey so geringe als sie immer wolle, allein auf ihr Gut-
dünken, oder eines jeden erwogene Billigkeit, oder ei-
gen fürgenommen und nicht denen Rechten gemäß in-
formirtes Gewissen, sondern auf des Reichs gemeine
Rechte, Abschied — Ordnungen, Statuten und — Ge-
wohnheiten — die für sie gebracht werden, — Urthel
fassen und aussprechen.

Nur in Sachen streitiger Possession und Jurisdiction,
wenn *Metus Armorum* vorhanden, soll des Richters eigene Wis-
senschaft von vorstehender Gefahr und Procinctu partium eine
Reichs-Cammer-Gerichtliche provisorische Proceß-Erkennung
begründen; o) und dieses nicht einmal ist von Kayser und Reich,
sondern nur von dem Reichs-Cammer-Gerichts-Collegio in Corpore also beliebet. p)

Uebrigens aber darf ein R. C. G. Assessor auf etwas ihm
allein wissendliches, in den Acten und Rechten aber unerfindliches,
kein Erkänntniß bauen, noch weniger einer Urthel zum Grunde
legen, am allerwenigsten aber aus einem solchen seinem Privat-
Wissen rechtmäßige Erkänntnisse und Urtheile umstossen.

So wenig der Zeuge in einer Sache der Richter seyn darf,
so wenig darf der Richter in der Sache, worin und in dem er ur-
theilet, Zeuge seyn.

Kayser Constantinus schrieb im Jahr 334: Nunc Manifeste
sancimus, ut unius omnino testis responsio non audiatur, etiamsi *præ-
claræ curiæ honore* præfulgeat. q) Auch in den Fällen, wo des
Richters Zeugniß zuläßig und zulänglich ist, heißt es: Judici extra acta haud creditur. Pabst Innocentius III. hat solches geist- und
weltlichen Rechten gemäß erkannt. Er spricht: Et canonica &
civilia jura sequentes, districtius inhibemus, ne *unius Judicis*, quantæ
cunque fuerit auctoritatis, verbo credatur in caussis. Er hat nicht
einmal seine Person insonderheit und namentlich von dieser Re-
gel auszunehmen sich getrauet, sondern nur hinzugefüget: salva in
omnibus *sedis Apostolicæ* auctoritate r) sedes Apostolica aber ist mit
Carbinälen umgeben.

K 2   Nicht

---

n) C. G. O. I. 13. pr.
o) C. O. C. II. 22. 5.
p) *Ludolf* in Comment. system. I. 7. 3 & 4. pag. 50. 51.
q) L. G. §. 1. c. *de testib.*

Nicht einmal eines ganzen Reichs-Cammer-Gerichtlichen Senats Zeugniß de stylo vel Praxi Cameræ Imp. ist in Articulis decisivis vollgültig. Nur in decernendis processibus sind die neu ankommende und des Gerichts Brauchs noch nicht gar wohl erfahrene Assessores angewiesen, von alten Erfahrnen sich berichten zu lassen. s)

Zwar sollen sie alle auch in Decisionibus caussarum dem alten löblichen Brauch und Stylo des Reichs-Cammer-Gerichts folgen. Dieser alte löbliche Gerichtsbrauch aber nicht auf eins oder andern Assessoris oder Senatus Zeugniß beruhen, sondern in pleno senatu verglichen, und in ein besonder Protocoll-Buch beschrieben seyn. t)

Ist es demnach nicht eine Ungebühr, daß Referens Cameralis, in dieser Sache sich angemasset hat, nicht nur die Rescripta decisiva Ernesti Augusti I. glor. mem. welche nicht extrajudicialiter ad unius partis instantiam & preces, sondern judicialiter nach beiderseitiger Vernehmlassung und Verhör, nicht mit der Clausula cryptica justifica: gestälten Dingen und Umständen nach, oder: allem An- und Vorbringen nach, sondern mit genauer Anführung beiderseitiger Gründe, und deren gerechtester billigmäßiger Endscheidung ergangen sind, für Cabinets-Rescripta auszugeben, sondern auch, gegen die grossen Rechts-Lehrer und höchste Gerichts-Beysitzer Carpzov u) Berger v) Lynker w) auf sein Wort, und als eine

---

r) C. 28. X. *de testib.*

s) Visitat. Memor. 1570. §. 14.

t) R. A. 1570. §. §. 76. 77.

u) *Carpzov* in Jurisprud. for. P. I. Const. XXVI. def. 18. 19.
Rescripta Principis ad Supplicata unius partis impetrata non transeunt in rem judicatam; at si caussæ cognitio, licet duntaxat summaria, præcesserit, ac Rescriptum Principis partibus publicatum fuerit, quintum ei, non interposita leuteratione vel appellatione intra decendium auctoritas rei judicatæ tribuenda sit, dubium non est.

v) *Berger* in Consil. conf. 948. p. 929. „Es ist bekannten Rechtens, daß „dergleichen *Decisiv*-Befehle (Rescripta, so facta caussæ cognitione er-„gangen,) in rem judicatam ergehen.
Berger in Decisionib. summi Provocationum Senatus Electoralis saxonici Dec. VIII. p. 12. 13.
Rescripta justitiæ *simplicia* quamvis, per falsa narrata celatamue veritatem, ab adversa parte sint impetrata non sunt ipso jure nulla, sed infirmantur opposita demum exceptione sub- & obreptionis. Alia prorsus est ratio rescriptorum *decisivorum*, quæ, utraque parte satis audita, caussaque penitus explorata, decernuntur, atque, ut sententiæ, in rem judicatam, elapso decendio à momento publicationis, transeunt.
Add *Berlichius* in Decis. CCCXXX. n. 7. ubi sententiam hanc firmat. re judicata à supremo Appellationum Judicio Dresdensi.

w) *Lyncker* de Gravam. extrajud. V. 2. §. 7. p. 458. §. 9. pag. 462.

eine ihm mit Gewißheit bekannte Wahrheit zeugend zu versichern, daß dergleichen Rescripta, wenn sie auch prævia summaria causæ cognitione ergangen, und durch kein Rechts-Mittel suspendiret seyen, bey denen höchsten Reichs-Gerichten nie für Rechtskräftig geachtet würden.

§. LXI.

Den Ungrund dieses ungebührlichen Zeugnisses von der Praxi des Kayserl. Reichs-Cammer-Gerichts, giebt des Reichs-Cammer-Gerichts-Assessoris von Ludolf Relation in Sachen M. v. B. wider weyl. P. v. W. deutlich zu erkennen, indem darinnen ein Rescript Sr. Churfürstl. Durchl. zu Brandenburg vom 10. Decembr. 1687. nicht an und für sich selbst, als ein Cabinets-Rescript, für ungültig und nichtig geachtet worden, sondern, weil es

1) extra acta einseitig ergangen,

2) denen vorhergehenden Decretis schnurstracks zuwider,

3) weder den Actis noch Rechten conform gewesen, und

4) davon ad Cameram Imperialem appelliret worden. x)

§. LXII.

Wenn aber auch das Referentische Zeugniß sonst seine ungezweifelte Richtigkeit und Gültigkeit hätte: so ist es dennoch offenbar unrichtig und ungültig, in einer solchen Sache, als der gegenwärtigen, welche einen Evangelischen Pfarr-Satz betrifft, und durch ein Rescriptum Principis Evangelici prævia caussæ cognitione in Petitorio entschieden ist.

In der Osnabrückischen beständigen Capitulation Art. V. n. 7. ist ausdrücklich enthalten, daß von des Consistorii A. C. Urtheilen in Civil-Sachen derer Geistlichen A. C. an den zeitlichen Landes-Fürsten appelliret werden solle. Nun ist kein Zweifel, daß es dem Landes-Fürsten hierbey frey stehe, per modum

L   Re-

Rescripta Principum quoties emanant *ad supplicata & instantiam unius partis* sicque *extrajudicialiter* perinde, ut decreta, extra cognitionem caussæ lata, in rem judicatam nequidem transire dicemus, ut appellatione non sit opus, sed quandocunque contradici illis potest. At Rescriptum pariter & decretum Principis ejus, a quo appellare licet, in rem judicatam invalescunt, *quando caussæ, licet vel summaria duntaxat, cognitio præcesserit, ipsumque Principis Pronunciatum Partibus publicatum* fuerit.

x) *Ludolf* in symphorem. Consult. T. III. p. 361.

Rescripti, Decreti oder Sententiæ die Apellation zu entscheiden. Ersteren Falls würden alle diese Landes-Fürstliche Rescripta appellationis decisiva nach Referentis Cameralis Asserto bey den höchsten Reichs-Gerichten als Cabinets-Rescripta, und, wenn gleich dagegen keine Remedia suspensiva eingewandt wären, für unrechtskräftig angesehen werden können.

Ist solches nicht offenbar ungereimt? Mit völliger Gewißheit und mit Zuversicht allgemeinen Beyfalls aller unpartheyischen Reichs-Gerichts-Beysitzer und Rechts-Gelehrten kan man dagegen versichern, daß in dergleichen Sachen, als der gegenwärtigen, nemlich in caussis ecclesiasticis petitorialibus Evangelicorum, dergleichen Praxis summorum Imperii Tribunalium, als Referens Cameralis hier angegeben, nicht einmahl möglich sey, maßen seit Errichtung beider höchsten Reichs-Gerichter schwerlich ein und anderer, geschweige so viele Fälle, als zu einer Praxi judiciaria gehören, vorgefallen seyn wird, da solche Rescripta decisiva Principis Evangelici, als hier vorhanden, für Cabinets-Rescripte erkannt, und ohne dagegen eingewandte Remedia suspensiva als nichtig aufgehoben worden.

§. LXIII.

Ja! es bedarf dessen allen nicht einmahl, da eben diejenige Decisiv-Rescripte, wovon hier die Frage ist, selbst vom Kayserlichen und Reichs-Cammer-Gericht, in dem auf Bericht und Gegen-Bericht am 6. September 1702. ertheilten Mandats-Erkänntniße, für Urtheile und Verordnungen, welche in Rechts-Kraft erwachsen seyen, ausdrücklich erkannt worden. (§. XXII. n. 22.) Wie solches von Referente Camerali bey seinem Vortrage dieser Sache dem Reichs-Cammer-Gerichtlichen Senat dergestalt unbemercklich habe gemacht werden können, daß er seinen Collegen jenes offenbar falsche Zeugniß de summorum Imperii Tribunalium Praxi, de qua sibi certo constet glaublich gemacht, ist bey dem kundbaren Reichs-Cammer-Gerichtlichen Modo referendi & deliberandi unbegreiflich. Hier dürfte demnach umgekehrt von der Urthel gelten, was Berger y) von einem Rescripto decisivo geurtheilet: Ex falsa testatione emissum non transit in rem judicatam.

§. LXIV.

Quoad 25) Hat zwar Referens Cameralis darin offenbar recht, daß, wenn diese Rescripta contra Capitulationem perpetuam

Osna-

---

y) Bergeri Decision. summi provocat. senat. Elector Sax. Dec. VIII. p. 12.

Osnabrugenfem anſtießen, dieſelben zu recht nicht beſtehen könnten. Offenbar unrichtig aber iſt ſein Schluß, daß vermöge Capitulationis perpetuæ an der in Capitulatione der Evangeliſchen Gemeinde zu Melle zugeſtandenen eigenen Kirche das Jus Patronatus
dem vermeynten Archidiacono competire. Dieſes iſt ſo offenbar
falſch, daß, ſo zu reden, die Preße ſich geſchämet hat, dieſes
Aſſertum auszudrucken, und denjenigen zu benennen, wem vermöge Capitulationis auf die vom Referente Camerali deducirte Wei-
ſe das Jus patronatus competiren ſoll.

§. LXV.

Hier iſt nicht aus fälſchlich erklärten Urkunden, noch aus
verkehrten Päbſtlichen Verordnungen, noch aus verbreheten Sa-
ßungen Concilii Tridentini, noch aus fehlſam angewandten Deci-
ſionibus Rotæ Romanæ und Doctrinis Canoniſtarum, noch aus einer ſo feck als fälſchlich bezeugten Praxi ſummorum Imperii Tribunalium, ſondern aus eigenen gegenſeitigen und andern unvernein-
lichen Urkunden, aus dem Inſtrumento Pacis Weſtphalicæ, aus
der in deſſen Gefolg und Kraft errichteten Capitulatione perpetua
Osnabrugenſi, aus den eigenen Gegenſeitigen Allegatis Juris Cano-
nici, Concilii Tridentini, Rotæ Romanæ & Canoniſtarum, aus der
Reichs-Cammer-Gerichts-Ordnung und aus eigenen Reichs-
Cammer-Gerichtlichen Erkänntnißen, verhoffentlich ad evidentiam usque, deduciret, daß an der Evangeliſchen Kirche zu Melle
das Jus præſentandi in poſſeſſorio & petitorio ohnzweifelhaft ſowol
von Rechtswegen, als auch vermöge rechtskräftiger Erkenntniße
von 1694. der Evangeliſchen Burgmannſchaft und Gemeinde zu-
ſtehe, dem Archidiacono Mellenſi aber nicht einmahl die Rectoria
eccleſiæ antiquæ, geſchweige denn ein Jus patronatus, an der von
den Evangeliſchen aus eigenen Mitteln fundirten und
erbaueten neuen Kirche, unter irgend einem
Vorwande gebühre.

Beylagen.

A.

Verzeichnüß

Was Behueff Aufferbauung der newen Kirchen der Augspurgischen Confeſſion zugethanen Gemeine zu Melle von unten benandten gehoben und hinwiederumb angewandt ꝛc.

Empfang.

	Rthlr.	ſchil.	dn.
Die Durchlaucht. Herzoge von Braunſchweig und Lüneburg haben zu Aufferbauung der newen Kirche in Melle beigeſteuret ⸗ ⸗	300	—	—
Jhro Königl. Maj. zu Dännemarck hatt verehret	150	—	—
Jhre Excellenz Guſtavus Guſtavi Graf zu Waſenburg ⸗ ⸗ ⸗ ⸗ ⸗	100	—	—
Der Hochedelgeb. Philip Sigismund vom Buſche zu Jppenburgh ⸗ ⸗ ⸗ ⸗	100	—	—
Der Hochedelgeb. Everhardt Georg von Ohr zu Bruche ⸗ ⸗ ⸗ ⸗ ⸗	100	—	—
Der Hochedelgeb. Johann Henrich Voß hat das Altar in die Kirche erbauwen laßen			
Der Hochedelgeb. Clamer Everdt vom Buſche hat beygeſteuret ⸗ ⸗ ⸗ ⸗ ⸗	20	—	—
Die Hochedelgeb. Frawe von der Borgh ⸗	20	—	—
1. Summa lateris	790	—	—

Empfangh.

		Rthlr.	ſchil.	dn.
Ao. 1651.	Der Hochedl. Eitell Jobſt Vincke zum Oſtenwalde hat beygeſteuret ⸗ ⸗	10	—	—
	Der Hochedl. Land⸗Droſte Baer ⸗	10	—	—
	Der Hochedl. Henrich von Haren zu Hopen	10	—	—
	Der Hochedl. Junker Beeſten zum Overkampe ⸗ ⸗ ⸗ ⸗	10	—	—
	Die Stadt Oßnabrück hatt beygeſteuret ⸗	130	—	—
	Von Stralſundt hat Jürgen Menckhoff von Herrn Balthaſar Sandern Burgl. zu Stralſund Verheißunge mitgebracht, daß er wolle den Predigſtuhl verehren, welches er auch gethan, hat auch der Oerter beygeſuchet ⸗	160	—	—

M   Her⸗

	Rthlr.	schil.	dn.
Herman Ratman hat eingehändiget wegen Herrn Obrist-Lieutenant Körbers Beisteuer ⸗ ⸗ ⸗ ⸗ ⸗	69	10	6
Ao. Hat der Hochebelgeb. Philip Sigismund vom 1752. Busche zum Kirchen-Gebäw geliehen	200	—	—
den 7. Von der Lipstadt, Quackenbrück undt anderen Aug. Dertern ist durch Jost Hölscher, Berend Könningh, und Jürgen Menckhoff beygebracht ⸗ ⸗	249	5	8
Cörd Meddingh und Jost Hölscher haben an verschiedenen Orten beygesucht ⸗	96	20	5
2. Lateris	945	15	7½

Empfangh.

	Rthlr.	schil.	dn.
Aus dem Landt Sachsen, Lüneburg und der Ends haben Jost Hölscher, Berend Käuninck und Jürgen Menckhoff beygesuchet ⸗	164	—	—
Noch ist aus dem Landt Lüneburg beygekommen, welches Herman Plohr hat eingeliefert	55	—	—
Aus dem Landt Braunschweig haben Jürgen Kastenbrock undt Cordt Wedding beygebracht	82	2	4
Auß Sachsen hat Herman Sander auff verschiedene mahl cingebracht ⸗ ⸗ ⸗ ⸗	102	—	—
Auß Sweden hat Henrich Martens eingeliefert	170	—	⸗
Aus Dennemark hat Martin Keyser undt Berend Könningh beygebracht ⸗ ⸗	47	14	—
Von Nuhrenberg und der Derter hat Henrich Martens beygebracht 53. Thlr. ⸗ ⸗	53	15	9
Noch hat Henrich Martens aus Lieflandt, Churlandt und Preußen eingehändigt ⸗	135	3	6
Herman Sander und Henrich Martens haben an verschiedenen Oerten collectiret ⸗	125	17	4
3. Lateris	935	10	11

Empfangh.

	Rthlr.	schil.	dn.
Aus Minden haben Jürgen Menckhoff undt Lucas Meyer eingeliefert ⸗ ⸗ ⸗ ⸗	62	—	—
Von verschiedenen Orten ist gesamblet, welches Henrich Schröder eingehändiger ⸗	36	—	—
Von Bielefeld ist beygekommen, welches Jürgen Bubbe und Jost Hölscher eingebracht	40	10	2
Im Melle ist beygesteuret ⸗ ⸗ ⸗	388	12	6
Im Kirchspiel Melle und anderen ⸗ ⸗	85	14	10

Von

	Rthlr.	fchil.	dn.
Von Caßel ist eingesandt	11	11	8
Sähl. Witwen Reckschen Erben	20	—	—
Sähl. Lübecken Schröders Erben haben beyge-steuret	65	—	—
Wegen sühligen Hinrich Kochs von seinem Bru-der Johan Koche empfangen	16	10	6
Herman Balcke hat eingelliefert	36	—	—
Obristwachtmeister Vilthuet hat verehret	10	—	—
Obristwachtmeister Hünnefelz	10	—	—
Ritmeister Nieman	10	—	—
Noch ist von unterschiedenen beygesteuret	13	5	3
Das Positive welches in Kirche verehret, wieder nach Hoyel verkauft vor	30	—	—
Jürgen Menkhoff hat noch gesamlet	21	—	—
Noch ist aus verschiedenen Orten beygekommen	45	—	—
4. Lateris	901	2	—
Summa Lateris 1.	790	—	—
Lateris 2.	945	15	7¼
Lateris 3.	935	10	11
Lateris 4.	901	2	—

Summa der gantzen Einnahme ist dreytausend fünf hundert siebentzig zwey Rthlr. sieben Schill. sechs und ein halb dn. ist.   **3572 | 7 | 6¼**

Ao. 1651. d. 12. Jun. Wegen vorigen Empfang ist die Ausgabe alß: Haben die Hrn. Borgleute und die Gemeinde zu Melle den Platz, worauf die Kirche soll gebauwet wer-den, von Jobst Balcken gekauft und bedungen auff 425. worauf ihm be-zahlet   **315 | — | —**

&c.

B.

Universis Christi fidelibus ad quos præsens scriptum pervenerit, Bru-no Dei gratia Osnabrugensis ecclesiæ Episcopus notitiam rei ge-stæ olim in ecclesia Osnabrugensi inter Præpositum Decanum & Capi-tulum ipsius ecclesiæ ex una parte, & nos ex altera materia quæstio-nis exorta, afferentibus præposito, Decano & Capitulo prædictis de Wiedenb. de Melle & Dyffene & de Bramsche ecclesias nostræ diœcefis præbendis ipforum a prima fui fundatione fuiſſe annexas fic ut ſingulæ quatuor eccleſiæ, quatuor Canonicis Capitulum Osnabrugenſe dùm ædem vacarent pro tempore ab Epiſcopis Osnabrugenſibus, qui hoc eſſent in tempore forent conferendæ, qui Epiſcopi Osnabrugenſis Clerici & Capellani ſpeciales dici debeant, & eſſe, & ob hoc dictæ quatuor eccleſiæ Capellaniæ donec ad illa tempora fuiſſent nuncupatæ, nobis vero ex adverſo dicentibus quod & ſi hoc obtinuiſſet forſitan ex antiquo contraventum fuiſſe aliquando intellexiſſemus, ac vidiſſemus, ideoque liberam dictarum quatuor eccleſiarum collationem, dum ipſas vacare contingerit, nobis debere competere, ſive intra ſive extra Capitulum pro noſtræ libito voluntaſis, huic quæſtioni ad honorem Dei ac Patronorum noſtrorum ac pro habenda pace & unitate Capituli noſtri de prudentum & religioſorum virorum conſilio ceſſimus in hunc modum ſuper præmiſſis itaque a viris fide dignis, qui vetuſti temporis habere credebantur notitiam ampliorem inquiſita diligentius veritate aſſertionem capituli pure comperimus veritati ſubnixam, licet aliquando ſemper reclamante capitulo ſecus actum fuiſſet de facto, Nos igitur attendentes juſtitiæ congruum ac æquitati conſonum fratribus noſtris de Capitulo Osnabrugenſi tunc præſentibus & futuris jura ipſorum illibata ſervare, jus, quod in dictis quatuor eccleſiis ſe habere dicebant, recognovimus & recognoſcimus, ſcripto præſenti pium rati inſuper propter tenuitatem præbendarum Osnabrugenſium talem annexionem de novo fieri, ſi priſcis etiam temporibus facta non extitiſſet, quatenus dictarum poſſeſſores eccleſiarum hoſpitalitatem exercere melius & expenſarum ferre onera valeant, ampliora, dictam annexionem innovavimus, & præſentibus innovamus, ſic ut de Wydenbrügge, de Melle, de Dyſſene, ac de Bramſche eccleſiæ, dum ipſas vacare contigerit, extra capitulum Osnabrugenſe de cœtero conferri non poſſint & non valeant, uni Canonico duæ conferri ſed ſingulæ ſingulis Canonicis fructus præbendarum ſuarum aſſecutis pro tempore conferantur, qui noſtri & ſucceſſorum noſtrorum Clerici & Capellani vocentur & remaneant ſpeciales, & quoniam hujus facti noſtri tempore nobis cordi erat in oppido Wydenbrügge Eccleſiam conſtituere Canonicalem de parochiali domino opportunitatem nobis concedente, ſi ſic evenerit eccleſiam de Schledeſen loco eccleſiæ de Wydenbrügge præbendis Osnabrugenſibus præſenti ſcripto duximus, annectandam, & in recognitionem juris veteris ſtatuimus & volumus, ut præpoſitus Wydenbrugenſis de Capitulo tantum Osnabrug. aſſumatur per Epiſcopum ſalva Epiſcopo collatione præbendarum, in cujus recognitionis, innovationis, ſtatuti, & voluntatis noſtræ fidem & teſtimonium præſens ſcriptum ſigilli noſtri munimine duximus roborandum, contra quod ſi quis venire præſumpſerit, indignationem Dei & principis Apoſtolorum beati Petri ac beatorum Criſpiri & Criſpiniani Patronorum noſtrorum ſe noverit incurſurum, actum Osnabrugi 10. Kalend. Novembr. Anno Domini Milleſimo ducenteſimo quinquageſimo octavo.

C. Wib.

C.

Wibboldus Brogel decretorum Doctor von Befehl unsers gnedigen Herrn Herrn Conrads vom Depholt Bischoffes to Osenbrügge ein gemein Official seines Gerichts und Hoves darsulves allen gemeinen Christen Lüden de düßen Breff sehen offte horen lesen, ewig Heil und Salicheit in dem Herrn, sollen weten dat de Erbarn und Vorsichtigen Herr Johann Nincke Domherr tho Osenbrügge, Nabede von Haren, Hinrich von Karsenbroch, Herbordt Eckgingt, Borchmanne thom Gronenberg und de Hanhorstische, Conradus Gobbelingk, Hermannus Oldendorp, Engelcke Nockell, Herman Schabelandt, Herman Uptorp, de Zegebodesche, Herman von Melle, Johann de Schlichte, Herman Lemmelinck, Hugo von Haren, Lübecke Ramos, Gercke Ninckmann, Tile Pelsering, Borger und Borgesche to Melle, und Herr Hinrich Lieffharding Priester von Osenbrügge gebaren, mit der Leve der Mildigkeit entfenget und begeren ere tidlicke Gut in dat ewige to verwandelen, und up dat de geistlicken Lüde und Gottes Loff in ehrer Tidt vermittels ehren Gut vermehret werde, ein Altar belegen mibben in der Kercken gewigget und consecriret in de ehr unser Leven Frowen Sünte Annen undt Sünte Anthonien zu begifften, funderen undt doteren mit erem eigenen Gude na inhaldunge undt utwisinge Breffe darup gemacket, avergeven und by dat Altar gelegt.

Tho dem ersten Herr Johann Nincke Domherr ein Molt Roggen Gülden alle Jahr. Nabede von Haren eine halve Mark Geldes Oßnabr. Hinrich von Karsenbrock fiff schillingh Geldes, Herborb Eckgingck drey schilling Geldes, de Hauhorstische twe scheffel saat Landes, Conradus Gobbeling drey schilling Geldes, Engelcke Nockel ein scheffelsaet Landes, Hermann Schabelandt eine halve Mark Geldes, Hermann Uptorp eine halve Mark Geldes, de Zegebadesche vier schillinge Geldes, Hermann von Melle vier Stücke Landes de einslaen vor verdevalven Mark, Johann de Schlichte twe schilling Geldes, Hermann Lemmeling eine Mark Geldes in redem Gelde, Lübecke Ramos eine rede Marck Geldes, Gercke Winckmann, eine rede Mark Geldes, Hugo von Haren eine rede Mark Geldes, Herr Hinrich Levarding twintig Riensche Guldes redes Geldes. Welcke Altar so doteren funderen und begifften in de ehre unser Leven Frowen Sünte Annen und Sünte Athoni vor sick und ehre Olberen und Geschlechte darse van gekamen sin, und de noch von en komen werden, in ein ewig beneficium, stets to blivende in dyser Wise, dat twe der oldesten Borchmenn than Grönenberg mit den Templeren der Kerken to Melle, tho den ersten willen und sollen præsenteren Herrn Hinrich Levarding Priester dem Archidiacken von Melle tho dem sülven Altar und benefi-

cium,

cium, und de Archidiacken sollen investiren so recht is, also dat de
Vorchmanns sollen hebben de erste præsentation und de Kerckherr
de andern, also vacken idt vaciret, und wen den dat beneficium
vaciret vermittels dobe des vorgl. Herrn Hinrickes, so sall ein
Kerckherr de andern præsentation hebben, und so fort eines ummet
andere, so dicke idt vaciren wirdt 2c. clausula concernens.

Dessent alle und ein idlich besunder, dat dit also vor uns
geschehen und fulbordet is, von den vorgl. de des tho doende hebben, und also begiffet, dotiret und ordiniret und vermittels unser
fulborde geschehen sy, hebben wy tho einer mehren Bekentniße
unse Jngesegel der Officialiteten mit ingesegeln der Erbaren Herren
Gisecken Voßes Domherrn und Archidiackens und Herrn Vole-
quins Prigenhagen Kerckherrn to Melle an düßen Breff und fun-
dacien doen hangen Datum anno Domini millesimo quadringentesimo
sexagesimo primo, in vigilia Nativitatis beatæ & gloriosæ virginis
Mariæ.

L.S.   L.S.   L.S.

D.

Extractus Capitulationis perpetuæ.

Articulus 21.

Und dieses so viel die Stadt Oßnabrügge anbelanget, im übrigen aber auffm Land und Städten, Weichbolden, Flecken
und Dörfern befindlichen Kirchen, Klöstern, Schulen, Funda-
tionen und Religions-Exercitio publico verbleibet es unveränder-
lich bey deme, so am sechsten Julii anno Ein tausend sechs hundert
neun und vierzig zu Münster vermittels des Kayserl. Plenipotentiarii Herrn Vollmari Durchschlags endlich abgetheilet und noch-
mahls verglichen, vnd bleiben forderist den Catholischen, die
Klöster, Verßenbrügk, Malgorden, Rolle, Oesede, St. Ger-
drautenberg, Jburg, Commenthurey Lage, sodann nachgesetzte
Pastoraten, Schwagsdorff, Mertzen, Damme, Wellinghölt-
hausen, die Stadt Wiedenbrügge, cum omnibus ibi comprehensis
St. Viti, Langenberg, Verßenbrügge, Rolle, annexæ monasteriis
parochiæ, Voltlage, Neuenkirchen im Hulse, Wallenhorst,
Glaen, Hagen, Geßmolde, Oesede, Osterkappel sambt zugehö-
riger Capell Bohmede, Hunteburg, Schleddehausen, Burg-
lohn, Bellem, Bergen, Ankum, Jburg der Flecken Glandorf,

Als-

Alßhaufen, Rimsloh, Lahr, Item sollen den Catholischen gefolget werden, die Gefälle und Einkünften, nachfolgender Vicariatuum, als in deren possessione sie anno Ein tausend sechs hundert vier und zwanzig gewesen, zu seyn sich befunden, als des Vicariats zu Fürstenaw, eines Vicariats zu Menschlage, zweyer Vicariaten zu Bramsche; desgleichen bleiben den Catholischen zwo Præbenden im Kloster Börstell.

Denen Augspurgischen Confessions-Verwandten bleiben die Pastorat zu Fürstenau, Buer, Lintorff, Barckhausen, Vippen, Hoyell, Hilter, Menschlage, Bramsche, Dißen, Eßen, Börstell, cum cœnobio, Oldendorff, Veme, Engter, Uffelen, Holte, Gerden.

In nachfolgenden Kirchspielen sollen beyder Religionen Exercitia geduldet werden, Quackenbrügge bleibt der Augspurgischen Confession die Hauptkirch samt dem halben Theil alles Einkommens, so dem Capitulo Ecclesiæ Collegiatæ daselbst zugestanden, desgleichen die Einkünfte der Fabric sämbtlich; Hingegen bleibt auch für die Catholische Einwohner und Bürgerschaft das Catholische Religions-Exercitium in eigner zu solchem Ende allda auferbawender Kirch, welche auch mit Catholischen Pfarrern und Seelsorgern nach Nothdurft zu besetzen, der Catholischen geistlichen Obrigkeit zustehen soll, Jedoch daß zu diesem Ende keine Collegia cujuscunque generis Religiosorum instituiret werden, denen soll auch zu freyer Disposition gefolget werden, der ander halber Theil proventuum Collegii Canonicorum; Hingegen soll auch den Augspurgischen Confessions-Verwandten in Melle eine eigne Kirchen für ihr Exercitium zu erbawen freystehen, und die alte Pfarr-Kirchen den Catholischen zu ihrem Exercitio überlassen werden. In Neuenkirchen bey Melle bleibt der Augspurgischen Confession die Pfarr-Kirche, den Catholischen aber die der Enden gelegene Capelle St. Annæ; Entgegen zu Bißendorf den Catholischen die Pfarr-Kirche, und für das Augspurgische Confessions-Exercitium die Capelle zu Stockum; Item in diesen vier Kirchspielen, Vörden, Gütherslohe, Battbergen, Neuenkirchen bey Vörden, sollen die Pfarrkirchen beyder Religionen gemein seyn, also und derogestalt, daß die Catholische ihren Gottesdienst vormittag bis umb neun, und Nachmittages von ein bis umb drey Uhren, halten mögen; Die Pfarr-Einkünften sollen jeder Religion zugewandten Pastoren zum halben Theil, die jura stolæ aber einen jeden Pastorn von seinen Religions-Verwandten alleine ohne des andern Eintracht gefolget werden.

Sodann sollen den Catholischen suppellex ecclesiastica zum halben Theil, una cum reliquis earum vasculis & sacris imaginibus vorbehalten seyn; Item die fundationes vicariarum catholicis reservatarum,

rarum, und was dazu gehöret, ausgefolget, denen Augspurgischen Confessions-Verwandten aber der andere halbe Theil sup-
pellectilis ecclesiasticæ verpleiben.

E.

Von GOttes Gnaden Wir Ernst Augustus, Bischof
zu Oßnabruck, Herzog zu Braunschweig und Lüneburg rc.
Nachdemahlen durch tödtlichen Abgang des gewesenen Pastoris
August. Confessionis, Anthonii Seumenicht, sothaner Pastorat erlediget und vacant worden, und Unß als Landesfürsten das Jus patronatus bey solcher neuerbaweten Evangelischen Kirchen immediate zu-
stehet, worbey dan des bisherigen Jburgischen Schloß-Predi-
gers, und Adjuncti zu Hilter Johannes Niekampfs Person, gute
Gaben im Lehren und Predigen, sodan bisher geführter Lebens-
wandel und sonsten Capacität zu sothanem Pfarrdienste verschiedentlich und zwar von Burgleuten, Vorstehern und Gemeinde
des Fleckens und Kirspels Melle absonderlich recommendiret;
Selbiger auch sich bereits vorhin vermittelst gewöhnlichen Exami-
nis, Ordination und nunmehro daselbst abgehaltener Probe-Pre-
digt zu sothanem Pastorat satsam capabel befunden worden; Als
haben Wir ihn Johannem Niekamp damit in Gnaden providiren
wollen; Thun solches auch Kraft dieses und providiren ihn hiemit dergestalt und also, daß er Johannes Niekamp von nun an
ordinatus Pastor Augustanæ Confessionis zu Melle sein, allda nach
Anweisung des allein seligmachenden geoffenbahrten Worts
Gottes und der ungeänderten Augspurgischen Confession und damit übereinstimmenden symbolischen Schriften, Lehren und Predigen, die Sacramenta nach der Einsetzung Christi unsers Heilan-
des administriren, der Gemeinde darbey mit einem exemplarischen
untadelhaften Leben und Wandel vorgehen, auch die jura paro-
chialia möglichsten Fleißes conserviren, vnd insgemein alles dasjenige was einem treufleißigen Evangelischen Pastori und Seelsorger eignet und woll anstehet, beobachten solle, wie solches vor
Gott dem Almächtigen, Uns als Landesfürsten und manniglich er
bey seinem Gewissen zu verantworten getrauet. Dahingegen
wollen Wir ihme alle diejenige Proventus, Einkünfte und Gefälle,
alte und neue, so bey sothanem Pastorat vermacht und hergebragt,
wie solche sein Antecessor am Dienste genossen, oder bestens genies-
sen können, in Gnaden zugeleget und gegönnet, auch ihn gegen
alle widrige Turbation und Beeinträchtigung gnädigst schützen und
handhaben lassen. Urkund Unsers hievor gesetzten Handzeichens
und Fürstlichen Insiegels. Geben in Unser Residenz-Stadt
Hanover, den   Decembr. 1684.

Ernst Augusts.

(L.S.)

F.

F.

Von Gottes Gnaden Ernst August ꝛc.

Demnach Wir uns ab denjenigen, was sowohl der Thum-De-
chant von Spiegel, als zeitiger Archidiaconus zu Melle und
unser demselben assistirendes Thum-Capitul zu Osnabrück, eines
theils, als auch die Burgmänner zu Laer und Bruch, sammt
der Evangelischen Gemeinde unsers Fleckens Melle andern theils,
wegen des prætendirenden juris patronatus, bey der neu erbaueten
Evangelischen Kirchen daselbst, hinc inde unterthänigst vorgebracht,
gehorsambst referiren lassen, auch solches reiflich zu überlegen nicht
ermangelt, und befunden, daß die an Seiten unsers Thum-Capi-
tuls und des Archidiaconi angeführte Rationes, als wäre die neue
Evangelische Filia von der alten Catholischen Kirchen, imgleichen
dieselbe wäre dadurch daß die Hälfte von den Aufkünften, welche
die alte Catholische Kirche vordem ganz gehabt, bey veränderter
Religion, zu der neuen Evangelischen geleget, von dem Archidiacono dotirt, nicht fundirt, noch die dem damahligen Archidiacono
Johann Eberhardt von Nehmen, von dem dero Zeit von der
Schwedischen Regierung bestelleten Evangelischen Priester Seumenicht ausgestelleten Reversalien, zu Behauptung des juris patronatus zureichend sey; allermassen die neue Kirche auf keinerley Weise als Filia von der alten Catholischen Kirche consideriret werden
kan; indeme die alte Catholische Kirche zu der neuen Evangelischen nicht contribuiret, sondern nachdem die Spaltung der Religion eins begeben, hat die Evangelische Gemeine mit denen übrigen Catholischen, ihren Gottesdienst in einer Kirchen nicht füglich haben können, in Betracht, daß sonsten solches beyde Theile
würde incommodiret haben, und ist dannenhero kein besser Mittel,
als die Separation gewesen, da zwahr der Catholischen Gemeine
das Avantage geblieben, die alte Kirche zu behalten, hergegen die
Evangelische eine eigene zu erbauen übergenommen, und darauf
die Intraden der alten Kirchen zwischen beyderseits Gemeinen, auf
gewisse Maße getheilet worden, welches alles aber für ein Werk,
wodurch die Catholische Kirche eine Filiam constituiret, nicht gehalten, vielweniger der Evangelischen solches zu agnosciren anges-
muthet werden kan. Allermassen derselben sonsten einen ihrem
Glaubens-Bekänntniß zuwider lauffenden Respect gegen die Catholische Kirche zu haben, aufgebürdet werden würde.

Ferner kan die beschehene Theilung der Aufkünften für
keine Dotirung von dem Archidiacono sothane Reditus niemals zugestanden, selbige auch nicht von ihm an die Evangelische Kirche
geleget, sondern es hatt deren Theilung, vermöge der in Instrumento pacis zu errichten verordneten perpetuirlichen Capitulation geschehen müssen; Anreichend dasjenige, was der Prediger Seumenicht

hie-

hierunter etwa gethan oder unterlassen; solches hat als ein priva-
tes Werk niemand præjudiciren können.   Zudem stehet dem Archidiacono beydes das Exempel mit der Evangelischen und Catholischen Kirchen zu Quackenbrück in casu converso und die in dem
Quackenbrückischen Divisions-Receß von Catholischer Seiten expresse angeführte Ration directe entgegen; Und weilen nun andem,
daß die Evangelische Gemeine diese neue Kirche fundirt, und ex-
propriis erbauet, ob zwar verschiedene hohe Herren und Privati,
aus Christlicher Mildigkeit, auf ihr Bitten, ihnen hiezu ein Ansehnliches geschenket; So hat demnach solches, in Betracht, daß
ihnen sothane Schenkung zu solchem Behuf geschehen, eben den
Effect, als wann sie dieselbe aus dem ihrigen völlig erbauet hätten.   Ueberdem auch der Antheil der Intraden, welche sie ober-
wehntermassen von der alten Catholischen Kirche überkommen, zu
Erhaltung der neuen Kirchen, und dabey bestellten Priester, bey
weiten nicht zureichig ist, sondern auf mehrerwehnte Evangelische
Gemeinen gutentheils ankommen muß æc.

Als finden wir kein anders und billigers, als daß denen
Burgmännern und Gemeine zu Melle das Jus præsentandi zustehe,
zweiflen auch nicht, es werde unser Thum-Capitul und der Archidiaconus, die Billigkeit hierunter erkennen, und dawider keine
Difficultæten weiter moviren, denen wir sonst an ihren wohlherge-
brachten Juribus etwas zu derogiren nicht gemeinet seynd.

Signatum Hannover den 5ten Nov. 1694.

                    Ernst August, Churfürst.

G.

Ernst Augusts, æc.

Liebe Andächtige und Getreue. Waß an uns ihr nach erhalte-
ner unserer wegen des Juris patronatus bey der Evangelischen
Pfarre zu Melle, unterm 5ten abgelauffenen Mohnats September
ertheilten gnädigsten Resolution am 2ten hujus unterthänigst ge-
langen lassen, und dawider ferner obmoviret, darab ist uns in
mehrem gebührend vorgetragen worden, und ist uns zumahlen
befremdet vorkommen, von euch zu unternehmen, daß uns ihr in
dieser Sache nicht anders als pro parte halten wollet, allermassen
daß wir uns dabey pro parte in einigem Stück geirret haben solten, unerfindlich ist, sondern wir haben vielmehr als wegen sothanen juris patronatus zwischen dem zeitigen Archidiacono zu Melle,
Thum-Dechanten von Spiegel und denen Burgmännern, wie
auch der übrigen Evangelischen Gemeine daselbst Streit endestan-
den, beyder Theile Rationes, womit sie ihr habendes Recht zu be-
                                                            haup-

haupten sich bemühet, gehöret, und wurden auch wan die an
Seithen gedachtes Archidiaconi angeführte Rationes fundiret gewesen, demselben das Jus Præsentandi bey solcher Pfarre ohne einiges
weiteres Absehen zugebilliget haben; Nachdemahlen wir aber
das Gegentheil befunden, haben wir auß denen Burgmännern
und der Evangelischen Gemeine zu Melle ihre Befugnüs nicht
nehmen können, und sehen also nicht, wie ab diesem folgen wolle,
daß wir uns hierinnen auff einigerley Art und Weiße, als Pars erwiesen haben sollten.

Was den angezogenen locum Capitulationis anbelanget,
daß nemblich die Collationes der geistlichen Pfründen, welche denen
Augspurgischer Confession Verwandten angefallen, vorigen rechtmäßigen Collatoribus, wan die schon Catholisch wären, verbleiben sollten, und daß ihr hierab also geschlossen, daß wann gleich
das ganze Mellische Kirchspiel zur Augspurgischen Bekanntnüß
geschritten wäre, jedoch die Collation sothaner Pfarre dem zeitigen Archidiacono verbleiben müssen, so ist solches eine Sache, wovon jetzo die Frage nicht ist, und kan also daher nichts inferiret
werden, zumahlen auch, wan sich solcher Casus begeben hätte,
daß die ganze Mellische Gemeine zur Augspurgischen Bekandtnüße
geschritten wäre, so würde dahin stehen, was in der perpetuirlichen
Capitulation desfallß würde verglichen seyn; Nachdem aber bey
Spaltung der Religion die Gemeine zu Melle sich gezweyet, und
ein Theil davon bey der alten Catholischen Pfarre geblieben, der
andere aber einen aparten Cœtum formiret, auch eine ganz neue
Kirche ex propriis sumptibus fundiret, und erbauet; und dieses alles in specie auch die Theilungen der Intraden per transactionem
geschehen, alß ist dieses ein ganz anderer Casus, worauff der angezogene Locus Capitulationis nicht zu appliciren.

Ueberdem ist dem Archidiacono dadurch nichts entzogen
worden, sondern es ist derselbe nach wie vor Patronus & Collator
von der alten Catholischen Kirchen verblieben, wie er vorhin ge-
west, hingegen aber streitet wieder demselben in casu controverso
nicht allein, daß in oberwehnter unserer gnädigsten Resolution angezogene Exempel von der Quackenbrückischen, sondern auch das
Exempel der Bistendorfischen Pfarre, allwoh gleichergestalt eine
neue Kirche erbauet, und die Reditus von der alten Kirchen zur
Halbscheid der neuen beygeleget worden, es ist aber dem ohngeachtet post separationem der alte Wöbeking bey der Evangelischen
Pastor, eodem modo wie Säumenicht zu Melle geblieben, und nach
dessen Absterben sein Sohn von uns wieder mit solcher Pfarre
providiret worden, ohne daß der Collator von der alten Kirchen daselbst die geringste Apposition, wie er dan auch mit Fuege nicht
thuen können, gemachet.

Anrei-

Anreichendt, daß von euch angeführet worden, ob hätten
bey uns mehrbesagte Burgmänner und Gemeine zu Melle mihr
daß Jus præſentandi Paſtoris ſecundarii geſuchet; So wird ſich bey
beſſerem Nachſehen ihrer von uns euch unterm 5ten Febr. anni
currentis communicirten Deduction Schriften und deren Schlüße
leichtlich das Contrarium ergeben; Waß im übrigen von euch wegen des Reſpectus matris & filiæ und ſonſten ohnbegründeter Wei-
ſe repetiret worden; ſolches beantwortet mehrgedachte unſere des-
falß unterm 5ten Nov. ertheilte Reſolution in mehrerm. Worauf wir uns deswegen bezeugen wollen, die wir euch zu Gnaden
ſtehts wohlgeneigt. Geben in unſer Reſidenz-Stadt Hannover am
6ten Decemb. 1694.

H.

Nachdem Se. Churfürſtl. Durchl. unſer gnädigſter Churfürſt
und Herr deroſelben ab denjenigen was ſowohl dero Duhm-
Dechant von Spiegel als zeitiger Archidiaconus zu Melle, und
demſelben aſſiſtirendes Dohm-Capitul zu Osnabrück eines, als
auch die Burgmänner zu Lahr und Bruche ſammt der Evangeliſchen Gemeinde zu Melle andern theils wegen des prætendirenden
Juris patronatus bey der neu erbaueten Evangeliſchen Kirchen daſelbſt hinc inde unterthänigſt vorgebracht, gehorſamſt reſeriren
laſſen, auch ſolches reiflich zu überlegen nicht ermangelt, und befunden, daß die an Seiten vorberührten dero Dohm-Capituls
und des Archidiaconi angeführte Rationes, als wäre die neue Evangeliſche Filia von der alten Catholiſchen Kirchen; Imgleichen dieſelbe wäre dadurch daß die Hälfte von denen Aufkünften, welche
die alte Catholiſche-Kirche vordem ganz gehabt, bey veränderter
Religion zu der neuen Evangeliſchen Kirche gelagt, von dem Archidiacono dotiret, nicht fundiret, noch die dem damahligen Archidiacono Johann Eberhard von Nehem, von dero Zeit von der
Schwediſchen Regierung beſtelleten Evangeliſchen Prieſter Seumenicht ausgeſtellete Reverſalien zu Behauptung des Juris Patronatus zurichig ſeyn, allermaſſen die neue Kirche auf keinerley Wei-
ſe als Filia von der alten Catholiſchen Kirche conſideriret werden
kan, indem die alte Catholiſche Kirche die neue Evangeliſche nicht
conſtituiret, ſondern nachdem die Spaltung der Religion ſich begeben, hat die Evangeliſche Gemeinde mit denen übrigen Catholiſchen ihren Gottesdienſt in einer Kirchen nicht füglich haben können, im Betracht, daß ſolches ſonſten beyde Theile würde incommodiret haben, und iſt dannenhero kein beſſer Mittel als die Separation geweſen, da zwar der Catholiſchen Gemeinde dies Avantage
geblieben, die alte Kirche zu behalten, hergegen die Evangeliſche
eine eigene zu erbauen übernommen, und darauf die Intraden der
alten Kirche zwiſchen beyderſeits Gemeinen auf gewiße Maße ge-
theil-

theilet worden, welches alles aber für ein Werk, wodurch die
Catholische eine Filiam constituiret nicht gehalten, vielweniger der
Evangelischen solches zu agnosciren angemuthet werden kan; Allermaſſen derselben sonsten einen ihrer Glaubens-Bekänntniß zuwider lauffenden Respect gegen die Catholische Kirche zu haben
aufgebürdet werden würde. Ferner kan die beschehene Theilung
der Auffünfte von keiner Dotirung von dem Archidiacono gehalten werden, zumahlen dem Archidiacono sothane Reditus niemals
zugestanden, selbige auch nicht von ihm an die Evangelische Kirche
geleget, sondern es hat deren Theilung, vermöge der im Inſtrumento Pacis aufzurichten verordneten perpetuirlichen Capitulation
geschehen müßen. Anreichend dasjenige, was der Prediger Seumenicht hierunter etwa gethan oder unterlaſſen, solches hat als
ein Privat-Werk niemand præjudiciren können. Zudem so stehet
dem Archidiacono beides das Exempel mit der Evangelischen und
Catholischen Kirchen zu Quackenbrück in causa conversa, und die
in dem Quackenbrückischen Divisions-Receſs von Catholischer Seiten expreſſe angeführte Ration directe entgegen. Und weiln nun
andem, daß die Evangelische Gemeine diese neue Kirche fundiret,
und ex propriis erbauet, obschon verschiedene hohe Herren und
Privati aus Christlicher Mildigkeit auf ihr Bitten, ihnen hiezu
ein Ansehnliches geschenket, so hat dennoch solches in Betracht,
daß ihnen sothane Schenkung zu solchem Behuf geschehen, eben
den Effect als wenn sie dieselbe aus dem ihrigen völlig erbauet
hätten; überdem auch der Antheil der Intraden, welche sie obers-
wehntermaſſen von der alten Catholischen Kirchen überkommen,
zu Erhaltung der neuen Kirchen und dabey bestellten Priester bey
weiten nicht zureichend ist, sondern auf mehrerwehnte Evangelische Gemeinde guten theils ankommen muß. Als haben hochge-
dachte Se. Churfürstl. Durchl. gnädigst declariret, und kein anders und billigers erfunden, als daß denen Burgmännern und
Gemeinde zu Melle, das Jus Præsentandi zustehe und gelaſſen werden müße, uns auch gnädigst anbefohlen dero gnädigſte Resolution,
gleich dieselbe dehro Duhm-Capittel kund gethan worden, Burgmännern und Gemeinde zu Melle gleichfalls zu eröffnen; Mit
der gnädigsten Bedeutung, daß sie zu Wiederbestellung sothaner
erledigten Pfarr, ein capables Subjectum forderſamſt zu præsentiren hätten.

Falls auch beide Theile der Gemeine annoch bey der vor-
mals zu erkennen gegebenen Intention verharren solten, zweene Prediger bey sothaner Pfarre zu haben, so würde für allen Dingen
nöthig seyn, in Zeiten und vor Bestellung des Primarii wohl zu
überlegen, wie es der Intraden halber also einzurichten, damit beyde Paſtores bestehen können. Und damit nun alles dieses in mög-
lichſter Kürze zu Werke gebracht und in Richtigkeit gesetzet werden möge, so werden obgemelte Burchleute und einige aus der

D   Ge-

Gemeine, auf Mittwochen den 14. Dec. am Churfürstl. Consistorio mit genugsahmer Vollmacht zu erscheinen, hiemit citiret und verabladet, da dan alles reifflich überleget und endlicher Schluß gefaßet werden solle. Decretum in Consistorio zu Oßnabrück den 1. Dec. 1694.

(L.S.) **Churfürstl. Braunschw. Lüneburg. zum** Evangelischen Consistorio des Stifts Oßnabrück verordnete Räthe.

F. J. von Derenthal.

I.

Den 24. Decembr. 1694.

Confirmatio pro Johan. Theod. Heinson pro Pastore primario und Joh. Eberh. Meyer pro secundario zu Melle.

m. m. nach beyliegenden Formular Pastoris Nickamp. exp. den 5. Febr. 1695.

Ernst Augusts Churfürst ꝛc.

Nachdem durch anderwertige Vocation des gewesenen Pastoris Nienkampf Aug. Confes. zu Melle sothanes Pastorat vacant geworden, und wegen des juris conferendi zwischen dem Archidiacono zu Melle und denen adlichen Burghäußern und Gemeinte streit entstanden, und beyde Theile ihre Fundamenta uns vorgebracht, Wir aber nach deren Erwegung befunden, daß sothane præsentatio billig denen Burgleuten und Gemeinte müste gelaßen werden, worüber Wir unser gbste declaration der Länge nach unter dem 5. Nov. a. c. außfertigen laßen; Und dan zufolge deren besagte Unsere adeliche Burgleute und Gemeinte zu Melle unsern Osnabr. Consistorio Joh. Theodorum Heinsohn pro primario Pastore zu Melle præsentiret, Und unsere Churfürstl. Confirmation unterthänigst darüber suchen; wann dan Uns bemeldten Heinsohn Person Guht, Gaben in Lehren und Predigen, sobann geführtes Leben und Wandel, auch seine Capacitæt zu sothanen Unsern Dienst verschiedentlich gerühmet und nach abgehaltener Prob-Predigt sattsahm capabel befunden worden; Als haben Wir hiemit bemeldten Heinsohn in Gnaden confirmiren wollen.

Einkünfte und Gefälle welche per divisionem der Evangelischen Pfarre angefallen, wie seine Antecessores solches genoßen, und wie weiters bey Unsern Churfürstl. Consistorio zu Oßnabrück die Verordnung darüber gemacht worden, in Gnaden ꝛc.

K. Des

K.

Des Durchlauchtigsten Fürsten und Herrn, Herrn Ernst August Herzogen zu Braunschweig und Lüneburg des Heil. Röm. Reichs Churfürsten, Bischoffen zu Osnabrück, gnädigste Resolution auf die von Dero Dom-Capittel zu Osnabrück bey dem auf den $\frac{23. Nov.}{3. Dec.}$ jüngsthin ausgeschriebenen Landtage zu Osnabrück vorgebrachte Gravamina &c.

Demnach Sr. Churfürstl. Durchl. zu Braunschweig-Lüneburg als Bischof zu Osnabrück auf einige im Jahr 1693. demühtigst vorgebrachte Gravamina sich gnädigst theils erkläret haben, (darüber bis dato jedoch, wie sich gebühret hätte, nicht gehalten worden) theils aber mit damahliger Resolution das Thumb-Capitul nicht kan freilig seyn, und ohnedem noch neue Beschwerden hervorgebrochen seynd; So hat man bey gegenwärtigen Landtage Anni 1696. nicht umbgehen können, allsolche Gravamina zu recapituliren und respective vorzustellen.

ad 11^{mum}

Approbiren Se. Churfürstl. Durchl. die von Dero Räthen darauf abgegebene vorläufige Erklärung, daß es nemlich so viel die Mellische Pfarre betrift, bey denen an Dero Dom-Capittul biesertwegen und in specie unterm 5. Nov. 1694. abgelassenen Rescripts sein Verbleiben habe; Wofern aber der Archidiaconus zur Entkräftigung derer darin angeführten Gründe etwas mit Bestande solte vorbringen können, Se. Churfürstl. Durchl. darunter ihm nicht enthören werden. Urkundlich Sr. Churfürstl. Durchl. eigenhändigen Unterschrift und vorgetrückten geheimbten Cantzeley-Siegel. Geben Hannover den 18. Dec. Anno 1696.

II.

Erholet das Thumb-Capittul die vor etlichen Jahren wegen Collation der Pfarre zu Melle beschehene dan Anno currente ex Recessu divisorio hujus Diœceseos zweymahl gethane Remonstration.

Sign. Osnabr. den 9. Dec. 1696.

(L.S.) Ernst Augusts, Churfürst.

J. Pattorff.

L.

L.

Jch Gerhard Kahman Past·r Augustanæ confeſſionis in Melle, bezeuge Kraft dieſes, nachdem der Hochwürdige, Hochwol= gebohrne Philipp Conrad von Spiegel ex Dieſenberg, Cathedra= lis eccleſiæ Osnabrugenſis, Decanus Sacellanus Epiſcopalis & Archi= diaconus in Melle, mich mit der Paſtorey A. C. daſelbſt groß= günſtig providiret, daß ich nicht allein vor meine Perſon im Le= ben und Wandel mich unſtraffbar ſchicken und verhalten will, mein Ambt und Kirchen=Dienſt ohne Scandal und ſtichliche An= zupfung der alten Catholiſchen Religion adminiſtriren, ſondern auch Hochgedachten Archidiacono omnem obedientiam & reveren= tiam præſtiren, die vorfallende exceſſe in gebührliche Achtung neh= men, ſolche auf angekündigten Archidiaconaliſchen Synodis und ſonſten dem Herrn Archidiacono notificiren, auch alles, was zur Conſervation und Beförderung der Archidiaconaliſchen Jurisdiction in Melle omni modo erſprießlich ſeyn kan, laiſten und thuen: fer= ner der Kirchen A. C in Melle Beſte und Nutzen pro poſſe & noſ= ſe beachten, dero ehrbahre conſuetudines halten, die Kirchen= und Pfarr=Güter nicht alieniren, ſondern, da einige alienirt, nach Möglichkeit hinwiederumb beybringen, keine Conſpirationes oder Pacta ſo mit Worten oder Werken der Archidiaconaliſchen Juris= diction zuwider ſeyn können, eingehen wolle. Alles ſub pœna pri= vationis Urkundlich meiner unterſchriebenen Hand, ſo geſchehen Osnabrück den 20. April. 1698.

G. Kahmann.

M.

Leopold

Ehrſame gelährte liebe getreue.

Weſſen ſich bey unſerem Kayſerl. Cammergericht unſere liebe Andächtige von Haren Wittibe von Grapendorff demüthigſt ſupplicirend beſchwehret, und darauf zu verfügen gebehten, fin= det ihr ab eingeſchloßener Copey ihrer deswegen überreichten Supplication mehrern Inhalts zu vernehmen. Wann nun ihme Supplicanten in ſolchem ſeinem Begehren noch zur Zeit nicht will= fahret, ſondern daß dieſer Sachen abſonderlichen Beſchaffenheit nach an euch um euren ausführlichen Bericht hierüber mit Ver= nehmung des Conſiſtorii innerhalb ſechs Wochen verſchloßen ein= zuſchicken, zugeſchrieben werden ſolle, heute dato erkannt worden iſt, als erſuchen Wir euch von Römiſch Kayſerlicher Macht auch

Bericht

Gericht und Rechtswegen, hiemit befehlend, daß ihr in so bestimmt und angeregter Zeit demnegst nach beschehener Insinuation dieses von Gestalt und eigentlicher Beschaffenheiten dieser Sachen euren ausführlichen Bericht mit Vernehmung des Consistorii darnach man sich in Erkändtniß auf erwehnten Supplicantinnen ferner gegenwärtiges Ansuchen zu verhalten wisse, gemeldtem unserm Kayserlichen Cammer-Gericht verschlossen eingeschicket, an dem unserm gnädigsten Willen und Befehl gehorsamlich nachsetzet. Wann ihr dem also gehorsamlich nachkommet, oder nicht, so soll demnach darauf was Recht ist weiter ertheilet werden, darnach ihr euch zu richten. Geben in unser und des Heil. Reichs-Stadt Wetzlar, den 21ᵗᵉⁿ Julii, 1699.

Ad Mandatum Dni Electi Impera-
  toris proprium.

Johann Adam Weinters,
Dr. R. C. Cantzley-Verwalter.

Jacob Michael Cetus,
Jurid. Impet. prot.

An
die Bischöfl. Osnabr. Regierung
und Consistorium.

N.

Copia

Mandati respective caſſatorii, inhibitorii, reſtitu-
torii & de non amplius turbando ſine clauſula
in Sachen
der Wittiben von Grapendorf & Consorten.
contra
die Fürstl. Regierung zu Osnabrück und Consorten
Insin. den Sept. 1702.

Wir Leopold von Gottes Gnaden ꝛc.

Entbieten denen Ehrsahmen, Gelahrten, Unsern und des Reichs
 lieben Getreuen und Anbächtigen N. N. zur Fürstl. Osnabrückischen Regierung verordneten Cantzlern und Räthen, sobann

Ð
N.

N. von Spiegel, Thum-Dechanten daselbst, als Archidiacono in Melle und dessen Mandatorio D⁽ⁱˢ⁾ Schelffern, unsere Gnade und alles Gutes, Ehrsahme, Gelahrte, liebe Getreue und Andächtige. Unserm Kayserl. Cammer-Gerichte hat Unsere liebe Andächtige Anna Sophia von Haaren, Wittibe von Grapendorff, mit vnd neben dem Königl. Preußischen General-Major von Arnimb, unterthänigst und demüthig supplicirend für und anbringen lassen. Obwohl notorium sey, daß die Augspurgische Confession Verwandte anno 1624. in possessione vel quasi des Gottesdienstes zu Melle gewesen, ja ihnen in capitulatione perpetua Osnabrugensi die Erbauung einer neuen Kirche bewilliget worden, sie auch den Platz dazu erkaufft, den Kirchenbau Anno 1650. 51. rc. vollführet, und nicht allein alle Pastores a tempore fundationis bis diese Stunde, die geklagte Turbation ausgeschlossen, præsentiret und installiret vermöge Beylage sub Lit. A. sondern auch überdem kundbar, daß für Erbauung dieser neuen Kirchen, 1) weyland Johann Duncker, 2) Ao. 1624. Gerhardus Hessel, 3) Casparus Eritzius und 4) Adamus Wehrkampff der Augspurgischen Confession zugethane Pastores zu Melle gewesen, und alle und jede von denen Klägern, oder deren Vor-Eltern præsentiret worden, dagegen ein zeitlicher Archidiaconus vor Zeit der Erbauung keinen einzigen actum possessorium erweisen können. Ja obgleich des abgelebten Churfürsten zu Braunschweig Lbd. als Bischoff zu Osnabrug diese Sache bereits Ao. 1694. den 5. Nov. und 28. Dec. abgeurtheilet, Kraft Beylage sub Lit. B. C. und wegen Größe der Gemeine verordnet, auch würcklich introduciret haben, weil ein Pastor allein die sacra nicht verrichten, weniger die nöthige Seelensorge für so viel tausend Christen ertragen und ausführen möge, daß zween der Augspurgischen Confession zugethane Pastores zu gemelter neuen Kirche bestellet worden, die Gemeind auch dessen in würcklicher possession vel quasi sey und gedachte beyde Pastores davon unterhalten werden.

Ferner obgleich jetzige des Churfürsten zu Braunschweig Lbd. Kraft der in Instrumento Pacis notorie gegründeten Interesse, Euch beklagten Thumbdechant und Capitul sede vacante fürstellen lassen, wegen des Consistorii nichts zu innoviren, sondern alles in statu quo zu lassen, vermöge Beylage sub Lit. D. bey hiesigem Unserm höchsten Gerichte, auch wegen der suspension des Cantzley-Directoris und Osnabrückischen Consistorial-Præsidis von Derenthal gleichfalls ein Mandatum restituendo sine clausula erkant worden, wie die Beylage sub Lit. E. ausweiset. Und obgleich ihr sämptlich Beklagte und in specie Du der Archidiaconus und Thumbdechant von Spiegel, und Du Vice-Cantzler Ostmann dieses Unsers Kayserl. Cammer-Gerichts Verordnungen geziemenden Respect zu tragen, und denen pflichtmäßig nachzuleben schuldig, daß solches demnach alles auffer Augen gestellet, und 1) das Consistorium

storium Augspurgischer Confeßion in vorigen Stand nicht wieder
gesetzet; 2) deren Pastor Meyer so ohnstreitig in possessione vel quasi
gewesen, zu grosser Betrübniß aller ihrer vertraueten Pfarkinder
de facto inauditus & indefensus vormeintlich suspendiret, 3) der Pastor primarius Heinson so ante sedis vacantiam zum Superintendenten
nach Ostfriesland berufen worden, nach seiner Resignation zu
dessen blosser Beschimpfung prætense abgesetzet, 4) einer Nahmens
Kahman durch Catholische Geistliche de facto wieder eingesetzet,
5) alle darwider eingelegte Protestationes an die Seite gestellet,
und 6) bis an diese Stunde gehindert habet daß bis dato die andere Pfarstelle daselbst eben wenig rechtmäßig wieder bestellet worden, zu grosser Beschwer und Seelengefahr der betrangten Gemeine daselbst, ja 7) denselben Tag als den 7. Oct. 1699. wie das
Schreiben umb Bericht insinuiret worden, solches nicht einmahl,
vermög sub Lit. F. an das Consistorium der Augspurgischen Confession Stifts Osnabruck communiciret, sondern vielmehr zu dessen
merklichen Veracht aus animositæt sie Klägere de novo graviret,
und befohlen habet, dem Intruso Kahman den Zehnten, non obstante
commißione, bey welcher Supplicanten sich allein wegen besagten
Zehntens, nicht aber in causa principali eingelassen haben, und
ihnen diesentwegen keinesweges præjudicirlich seyn könne, folg zu
lassen, vermöge beyliegenden Decreti sub Lit. G. ohngeachtet der
Zehend coram Consistorio deponiret und Euch deshalben keine Co-
gnition zustehe, also nicht unterlaßen habet, was zu Veracht hie-
siges Unsers höchsten Gerichts Jurisdiction und zu weiteren Trang-
sahl und Klage der Augspurgischen Confessions-Verwandten, gereichen könne; Also hierab leicht zu ermeßen, weil das Consistorium Augspurgischer Confeßion, nach Einhalt Capitulationis perpetuæ Osnabrugensis nicht besetzet, nach Unserm ausgegangenen
Kayserl Mandato S. C. gestalt der vorige Præses Consistorii, Can-
zeley-Directori von Derenthal zu restituiren würklich gelebet worden. Daß du der Vice Canzeler Ostman, der Archidiaconus, daß
Thum-Capitul und ihr sämptliche Beklagte selbst partes und über
das Consistorium Augspurgischer Confeßion ganz nach Gefallen di-
sponiret. Also auf Euren erstatteten Bericht, oder was ihr fürs
bringen möget, nicht zu bawen, sondern vielmehr gött- geist- und
weltlichen Rechten gemäß sey, weiln die Augspurgischen Confessions-Verwandte die Kirche suis sumptibus neu erbauet, und ihr
à tempore fundationis biß hierin keinen einzigen Actum possessorium
beweisen könnet, Ihr selbst in propria causa keine Richter seyn,
noch die Klägere de facto ohn obrigkeitliche Erkäntniß depossidiren,
weniger den Intrusum Kahman, welcher seiner Lehr, Thuns und
Wandels halber, für keinen rechtmäßigen Prediger gehalten, weniger geglaubet werde, daß er der Augspurgischen Confeßion zugethan sey, sondern deßhalben an diesem Consistorio besprochen
und zur Dijudicatur einer Theologischen Facultæt besagter Confession aufgefordert sey, sie Klägere auch nicht gehindert werden kön-

ten,

ten, die zweyte Pfarrstelle zu besetzen, so gleichfalls für eine wie-
derrechtliche Turbation zu achten, und daß Archidiaconalisches Fundament, daß die neu erbaute und von der vorigen Catholischen
Kirche zu Melle Filial nicht allein ganz ohnstatthaft, sondern auch
petitorii ohnzureichig und gnug seye, daß die Augspurgische Confessions-Verwandte à tempore fundationis usque ad hanc horam in
possessione vel quasi gewesen, und dahero vermöge beyliegenden
Extractus Capitulationis perpetuæ sub Lit. H. dabey zu schützen und
zu schirmen, die Jurisdiction auch vigore pacis religiosæ Instrumenti
pacis und jüngeren Reichs-Abschied, wie nicht weniger auch der
perpetuirlichen Capitulation des Stifts Osnabrück, und ex ipsa causæ qualitate sattsahm und überflüßig gegründet sey.

  Solchemnach umb dieß unser Kayserl. Mandatum respective cassatorium inhibitorium, restitutorium & de non amplius turbando
sine clausula an und wider Euch eingangs ernannte Beklagte zu
ertheilen inständigst anrufend erlanget, daß solche Process nach
vorhero begehrten, aber ohne Zuziehung, daß der Augspurgischen
Confession Verwandten Consistorii unförmlich erstatteten Bericht
und einbrachten Gegen-Bericht, heute dato folgendergestalt er-
kanne worden seyde.

  Hierumb so gebieten Wir Euch sampt und sonders von Rö-
misch-Kayserl. Macht und bey Pœn zehen Mark löthiges Goldes, halb in Unsere Kayserl. Cammer, und zum andern theil ihnen Impetranten ohnnachläßig zu bezahlen, hiemit ernstlich und
wollen, daß Ihr demnächsten nach Verkündigung dieses, die
Augspurgische Confessions-Verwandte adeliche Burgleute vnd
gantze Gemeine zu Melle ratione hujus turbationis, pacis religiosæ infractionis instrumenti pacis und in specie der Oßnabrückischen in dicto instrumento pacis Art. 13. §. 2. & seqq. gegründeten Capitulationis perpetuæ wegen deß suspendirten Pastoris Meyers in allen restituiret, und in vorigen Stand setzet, und Ihn in Administration
der Sacrorum nicht hindert, den von denen Catholischen introducirten Gerhard Kahmann removiret, alles, was deswegen vorgangen, cassiret, die Untersuchung seiner Qualitæ vndt ob er Augspurgischer Confession einverleibten Lehre beypflichte, dem Consistorio
und Consilio einer ohnpartheyischen der Augspurgischen Confession
Verwandten Theologischen Facultæ heimgebet, die Klägere auch
an rechtmäßige Besitzung der anderen Pfarrstelle ferner nicht hindert, die dazu gewidmete proventus und Zehende nicht hemmet
oder distrahiret, sondern alle deswegen ergangene Decreta aufhebet und die Impetranten wiederumb, in den Standt, wie sie vor
eingeflagter Turbation in Anno 1624. und folgenden Jahren gewesen, restituiret, Euch auch keines Juris patronatus wider die durch
den abgelebten vorigen Bischof außgesprochenen und in Rechts-
Kraft erwachsenen Urthelen und Verordnungen über die neu aus

eige-

eigener und gesamleter Beysteuer erbauete Kirche zu Melle anmaß-
set, sondern mehrbesagte Impetranten in ihrer Possession vel quasi
aller deren ihnen ex pace religiosâ & Capitulatione perpetua descen-
direnden Competentien, mit Erstattung Kosten und Schadens und
Interesse, ruhig lasset, deme also gehorsamlich nachkommet, alß
lieb euch seyn mag obangerohete Pœn zu vermeiden. Daran ge-
schicht Unsere ernstliche Meinung.

Wir heischen und laden Euch daneben von vorberührter
Unserer Kayserl. Macht auch Gerichts- und Rechtswegen hiemit,
daß Ihr auf den 30. Tag den nächsten nach beschehener Insinuation dieses, deren Wir euch zehen vor den ersten, zehen vor den
andern, zehen vor den dritten letzten und endlichen Rechtstag se-
zen und benennen peremtorie, oder ob derselbe nicht ein Gerichtstag seyn würde, den nächsten Gerichtstag darnach durch einen ge-
vollmächtigten Anwaldt an demselben Unserm Kayserl. Cammer-
Gerichte erscheinet, gläubliche Anzeige und Beweis zu thun, daß
diesem Unserm Kayserl. Gebot, alles seines Inhalts, gehorsamlich gelebet sey, oder, wo nicht, alsdan zu sehen und zu hören,
Euch umb eures Ungehorsams willen, in vorgemelte poen gefallen seyn, mit Urthel und Recht gesprochen, erkennen und erkläh-
ren, oder aber beständige erhebliche Ursachen und Einreden, ob
Ihr einige hättet, warum solche Erklärung nicht geschehen sollte,
in Rechten gebührlich vorzubringen, und endlichen Entschieds
darüber zu gewarten.

Wan Ihr kommet und erscheinet alsdan also oder nicht so
wird doch nichts destoweniger, auf des Gegentheils oder seines
Anwalds Anruffen und erfordern hierin im Rechten mit gemelter
Erkänntniß, Erklährung und anderen gegen Euch verhandelt
und procediret, wie sich das seiner Ordnung nach gebühret. Darnach Ihr Euch zu richten.

Gegeben in unserer und des heiligen Römischen Reichs-
Stadt Wetzlar des sechsten Tags Monats Septembris nach Christi Unsers lieben Herrn Geburt im Siebenzehnhundert und zweyten, Unserer Reiche, des Römischen im fünf und vierzigsten, des
Hungarischen im acht und vierzigsten, und des Bohemischen im
sieben und vierzigsten Jahren.

L.S.

Ad Mandatum Dni. Electi Impera-
toris proprium.

Wolffgang Fries
Kayserl. Cammer-Gerichts Canzeley-Verwalter.

Jacobus Michael Lt.
Judicii Imperialis Cameræ Protonotarius mpp.

O.

Des Durchlauchtigsten Fürsten und Herrn, Herrn Ernst Augusten, Herzogen zu York und Albanien, Bischofen zu Osnabrück, Herzogen zu Braunschweig und Lüneburg 2c. 2c.

Wir Sr. Königl. Hoheiten zum Consistorio Aug. Conf. des Hochstifts Osnabrück gnädigst verordnete Director und Räthe 2c. Fügen hiemit dem Gerhard Rahman, sodan denen Burgmänneren und der Evangelischen Gemeine zu Melle, wie auch denen Pastoribus zu Buer zu wissen. Als dem eben gedachten Rahman nicht unbekant seyn kan, welchergestalt weyl. Ihro Churfürstl. Durchl. Erneltus Augustus Hochseeligsten Andenkens, in An. 1694. den 5ten Nov. wegen des Juris patronatus bey der Evangelischen Mellischen Kirche, denen Burgmänneren der Häuser Brock und Laer, und der Gemeine zu gedachten Melle, das Jus Præsentandi gnädigst und rechtlich bestätiget haben. Besagte Collatores darauf bey dem Genuß dieses Juris ferner geschützet und solches von ihnen ohne jemands Einrede würcklich exercirt und in specie die à dictis patronis præsentirte Pastores Heinson und Meyer bey ihrer function gleichfalls also gelaßen worden. Bis bey der in Anno 1698. erfolgten Sedisvacanz besagte Pastores wider das ihnen zustehende und zum Ueberfluß bestätigte Recht, mehrgedachte Patronen, auch Unser in Capitulatione perpetua deutlich gegründete Jurisdiction, mithin zu der gedachten beyden Personen, als rechtmäßig beruefsen gewesenen, darauf von Uns prævio examine confirmirten und der Gemeine gehörig vorgestellten Pastorum Schaden und Nachtheil ihrer Pfarr-Dienste höchst incompetenter und de facto entsetzet worden.

Und dan Anfangs erwehnter Rahman sich darauf damals (ungeachtet ihm von oberwehnten denen Burghäusern und der Mellischen Gemeinde zukommendem und würcklich exercirtem Patronat-Recht mehrmahlige Erinnerung geschehen) gelüsten laßen, à non Patrono eine Collation auf das Pastorat zu Melle auszuwirken und anzunehmen, damit sich bey uns anzumelden, ein Examen von uns gleichsam zu erpreßen, und wie man solches vorzunehmen wegen obiger Umbstände bedenklich gehalten, ohne Erforder: und Erhaltung Unserer Confirmation und Vorstellung contra Capitulationem perpetuam Art. 5. memb. 6. & Instrum. Pacis Cæsar. Succ. Artic. 5. (woselbst respective nur die Jura pro Investitura Archidiaconis und die cura templorum jeder Religion integra reserviret worden) Altar, Canzel und Taufe einzuthuen, und sich der Gemeinde vermeintlich vorstellen zu laßen. Weiter zu verursachen: daß die obgemelte Burgmänuere wegen eines Zehentens, item der Kirchen Briefschaften und sonsten, nebst dem schon erwehnten übergroßen Præjudiz, dero Zeit noch in weiteren Verdruß und Weitläuftigkeit gese=

gesetzet worden. Er selbst, Kahmann, auch in so graumer Zeit
all diesen seinen Unfueg so wenig zu erkennen sich angelegen seyn
lassen; inmittelst aber demselben ohne grosse Verantwortung län-
ger nicht nachgesehen werden kan.

Hierumb so wird auf gnädigsten Befehl Ihrer Königl.
Hoheiten, Unsers gnädigsten Herrn, sub dato Herrnhausen den
6ten Aug. a. c. mehrgedachter Kahman des vorerwehnten Evangelischen Pfarrdiensts zu Melle verlustig und diese Pfarre vor vacant und erlediget erkläret, verfolglich werden vermöge des zum
Ueberfluß in Kraft Rechtens erschossenen Anfangs erwehnten
Ausspruchs Ernesti Augusti 1mi hochseeligsten Andenkens, de Anno 1694. Burgmänner und Evangelische Gemeine zu Melle erinnert, aufs fordersambste, ein capables Subjectum zu Wiederbesetzung des also erledigten Mellischen Pfarrdienstes, anhero zu præsentiren, und darauf unsere weitere Verordnung zu erwarten.
Immittelst die Pastores zu Buer den Gottesdienst zu Melle und
was demselben annex, biß zu wiederbesetzter solcher Pfarre, wech-
selweise, zu verrichten und zu besorgen Kraft dieses befehliget;
Wornach sich also gedachter Kahman in Enthaltung des gedachten Pfarrdienstes zu achten, auch Burgmänner und Evangelische
Gemeine zu Melle, imgleichen die Pastores zu Buer sich zu richten.
Decretum in Consistorio Osnabrück den 13. Augusti 1720.

(L.S.)   Ad Mandatum Serenissimi proprium.

C. H. v. Weselau.   L. Peithman.   J. Braunes.

P.

E. A.

Confirmatio Gerhardten Kahmans auf das erste
Pastorat zu Melle den 11. Dec. 1720.

Nachdem zwar jüngsthin durch die Entsetzung des ehemahligen
Pastoris Gerhard Kahmans bey der Evangelischen Gemeine zu
Melle erlediget und vacant worden, und aber Uns die rechtmäßi-
ge Patroni bey der Evangelischen Kirche zu gedachtem Melle erst
befugten Gerhard Kahman von neuen und ordentlich pro primario
Pastore daselbst unterthänigst hinwieder præsentiret, und Unsere
Landes-Fürstliche gnädigste Confirmation darüber gesuchet.

Wann Uns nun bemeldten Gerhard Kahmans Person,
     gute

gute Gaben in Lehren und Predigen, sodann wohlgeführtem Leben und Wandel, auch seine sonstige Capacitæt zu sothanem Pfarrdienst angerühmet, er auch bey dem bey Unserm Consistorio mit selbigem vorgenommenen examine sattsamm capabel befunden, sondern auch von ihm sein vormahliger Fehler, indem er sich durch dazu unberechtigte in Anno 1698. zu dieser Pfarre præsentiren und einsetzen lassen, anerkannt worden.

Als haben Wir aus besondern Gnaden ihn Gerhardt Kahman mit gemelten primariat hiedurch providiren wollen, thun solches auch Kraft dieses, und providiren ihn hiemit dergestalt und also, daß er Gerhardt Kahman von nun an als ordinarius & primarius Pastor zu Melle seyn, alda nach Anweisung des allein seligmachenden geoffenbahrten Wort Gottes der ungeänderten Augspurgischen Confession und damit übereinstimmender symbolischen Schriften lehren und predigen, die Sacramente nach Christi Unsers Heilands Einsetzung administriren, der ihm anvertraueten Gemeine dabey mit einem Christlichen exemplarischen und untadelhaften Leben und Wandel vorgehen, auch Unsere und Unsers Consistorii auch seiner Pfarre jura möglichsten Fleißes conserviren, und insgemein alles dasjenige, was einen treufleißigen Evangelischen Lehrer und Seelsorger eignet und gebühret, auch wohl anstehet, beobachten solle, wie er solches vor Gott dem Allmächtigen, uns als Landes-Fürsten, und dem Uns nachgesetzten Consistorio auch sonsten männiglichen bey seinem Gewißen es sich zu verantworten getrauet.

Dahingegen wollen Wir ihm alle diejenige Proventus, Einkünfte und Gefälle, welche zu sothaner Pfarre gehören, und wie darüber von Unserm Consistorio bey vorseyender Wiederbesetzung des Secundariats die Verordnung auf vorseyende Unsere gnädigste approbation gemacht werden wird, in Gnaden zugelegt und gegönnet haben, auch ihn gegen alle widrige turbation und Beeinträchtigung gnädiglich schützen und handhaben laßen: Und soll übrigens wegen des eigentlichen Gehalts des primarii sowohl als Secundarii Pastoris, nach beschehener nothdürftiger Untersuchung, und nach Befinden, mit Zuziehung der Patronen demnächst fernere Verordnung erfolgen. Urkundlich Unsers Hochfürstl. Handzeichens und beygetruckten Consistorial-Insiegels. Geben Oßnabrück den 11. Dec. 1720.

(L.S.)   E. A.

M. v. W.

Q.

Q.

An

die Römisch-Kayserliche, auch zu Hispanien, Hungarn
und Böheim Königliche Majestät ꝛc. ꝛc.

allerunterthänigste

Vorstellung und Bitte pro Mandato de non contraveniendo Capitulationi perpetuæ sine clausula und sonsten, ut intus

Anwaldts

Eines Hochwürdigen Thumb-Capituls zu Oßnabrück,

Anlangend die Pfarre Augspurgischer Confession
zu Melle, Hochstifts Osnabrück.

hat

Beylagen sub num. 1. cum adjuncta facti specie, welche Beylagen
hat Lit. A. B. C. D. E. F. G. H. J. K. L. M. N. O. P. Q.
R. S. T. V. & W. Item Num. 2.

exhibirt zu Wien beym höchstpreißlichen Kayserlichen Reichs-
Hofrath Anno 1720. den 13. Novembris.

R.

Ew. Lbden ist fürhin bekant, in welche Streitigkeiten der Archidiaconus zu Melle mit der dasigen Evangelischen Gemeinde wegen des juris patronatus verfallen, und wie jener zu behindern suchet, daß der wegen Unvermögsamkeit des jetzigen Pfarrers Kahmans von dieser præsentirte Pastor adjunctus Fürstenau eingeführet werde.

Ich kan aus mehren Ursachen nicht Umgang nehmen, besagter Evangelischen Gemeinde mit meinem Vorwort beyzutreten, und ich setze auf Ew. Lbden Gemüthsbilligkeit das Vertrauen, daß solches nicht ohne Wirkung seye, und sobald Deroselben die Sache in ihren wahren Umständen vorkomt, dem Evangelischen Theil Recht wiederfahren werde.

Es hat dieser als die von ihm Anno 1624 besessene Kirche ad St. Mattheum in Melle vermöge der perpetuirlichen Capitulation den Catholischen überlaßen werden müßen, mit eigenen Kosten eine neue Kirche erbauet, und ist nicht abzusehen, wie der Archidiaconus auf selbige sein jus patronatus ausdehnen, folglich die Vergebung zweyer Pfarren begehren könne, da deßen Vorfahren nur eine zu besetzen gehabt. Denn obwohl die halbe Pfarr

G   Auf-

Auffünfte dem Evangelischen Pfarrer übertragen worden, so ist
jedoch solches aus keiner ein Jus patronatus wirkenden Freygebig-
keit, sondern vermöge der Capitulationis perpetuæ und zu einiger
Vergütung wegen der abgetretenen Kirche geschehen. So flie-
ßen auch solche PfarrsRevenues nicht einmahl aus der Archidiaco-
norum Schenkungen her, sondern werden grösten theils von den
Eingepfarreten aufgebracht. Ueberdem theilet selbst nach den
päbstlichen Rechten deren bloße Hergebung niemanden das allei-
nige Recht den Pfarrer zu ernennen mit, welches sich der Archidiaconus in gegenwärtigem Fall um da weniger anmaßen mag,
da der Catholischen und Evangelischen Jura in den zu Melle und
Quackenbrügge neu erbaueten Kirchen vermöge der perpetuirlichen Capitulation gleich seyn sollen, am letztern Orte aber Catho-
lici den Pfarrer der neu erbaueten Kirche benennen, mithin ein
gleiches den Evangelischen zu Melle vergönnet werden muß.

Deswegen ist von meines in Gott ruhenden Groß-Herrn
Vaters Churfürsten und Bischofs Ernst August Gnaden der
Evangelischen Gemeinde zu Melle das Jus præsentandi Anno 1694.
zuerkant, und von dem Archidiacono kein Remedium Juris wider
dessen Erkenntniß zur Hand genommen, sondern selbiges vollstre-
cket. Obwohl auch unter der Regierung Herzog Carls von Lo-
tharingen p. m. Anno 1698. der Archidiaconus es dahin gebracht,
daß anstatt des von der Gemeinde præsentirten ein anderer durch
die Catholische Geistlichkeit de facto eingesetzet worden, so ist dennoch nicht nur von meines in Gott ruhenden Herrn Vaters Maj.
dawider nachdrückliche Vorstellung geschehen, sondern auch von
dem Kayserl. und des Reichs Cammergericht ein Mandatum cassatorium, inhibitorium, restitutorium & de non amplius turbando S.
C. erkant und verfüget, daß die Evangelische in ihrer Possession vel
quasi mit Erstattung Unkosten, Schadens und Interesse ruhig gelassen werden sollen, auch unter der Regierung weyl. Herzog Ernst
Augusts Herzogs von Yorck und Bischofs zu Osnabrück Lbden,
gottseeligen Andenkens, der Intrusus abgesetzet, nach vorgängi-
ger anderweiter Præsentation der Evangelischen Gemeinde aber wieder angenommen, und ihm das Pastorat von neuen conferiret.

Die Gerechtsame der Evangelischen Gemeinde zu Melle
sind demnach keinem rechtlichen Zweifel unterworfen, und wenn
auch ein solcher obhanden wäre, so müste ihr dennoch währenden
Rechtsstreit manutenentz angedeihen, weil der Archidiaconus nicht
erweisen kan einigen Actum possessorium ruhig exerciret zu haben,
und es soviel fehlet, daß der zu jüngern Zeiten geschehene Wider-
spruch die Gerechtsame der Evangelischen Gemeinde schmälert, daß
er dieselbe vielmehr bestärket, weil selbiger ohne alle Wirkung
verblieben und was Anno 1698. vorgangen, in ganz unjustificir-

lichen

lichen dem statui possessorio und richterlichen Erkentnißen zuwider-
laufenden Factis bestehet.

Ew. Lbben ersuche ich demnach zu verfügen, daß die Evangelische Gemeinde zu Melle in dem Besitz des Juris præsentandi
nicht turbiret werde, folglich die an das Osnabrückische Consistorium ergangene Inhibition wieder aufzuheben und den præsentirten
Adjunctum Fürstenau præstitis præstandis einführen zu lassen.

Ew. Lbben legen badurch ein Kennzeichen Dero Gerechtig-
keit zu Tage, welche ich dancknehmigst erkennen, und bey aller
Gelegenheit erwiedern werde, stets verharrend. St. James den
$\frac{23. \text{Mart.}}{3. \text{April.}}$ 1744.

S.
Citatio
Inhibitio & Compulsoriales
in Sachen

von Hammerstein zum Bruche bey Melle und Cons.

contra

Freyherrn von Metternich, Bischöflichen Sacellanum &
Archidiaconum in Melle & Cons.

Insinuirt durch mich Johann Henrich Kauffelt, des hoch-
löblich Kayserl. und des Reichs-Cammergerichts ge-
schwohrner Bott nebst der Supplication. Perfort
den 17. Septembr. 1744.

Wir Carl der Siebende von Gottes Gnaden erwehlter Römischer Kayser, zu allen Zeiten mehrer des Reichs, in Germanien und Böheimb König, in Ober- und Nieder-Bayern,
auch der Obern Pfaltz Herzog, Pfaltzgraf bey Rhein, Ertz-
Herzog zu Oesterreich, undt Landgraff zu Leuchtenberg ꝛc. ꝛc.

Entbiethen denen respective Ehrsamen, Gelehrten, Wohlgebohrnen, Unsern und des Reichs lieben Getreuen und Andächtigen Churfürstl. Cöllnischen zum Fürstl. Osnabrückischen geheimen
Rath verordneten Cantzlern und Räthen, wie auch Freyherrn
von Wolff Metternich Dhom-Scholastern und Dom-Cüstern der
Cathedral-Kirchen zu Paderborn und Osnabrück qua Bischöflichen Sacellano und Archidiacono in Melle und deßen Commissario
Archidiaconali Kerckmann, ingleichen N. Vogel der Rechten Do-
ctori, als in dieser Sache angegebenen appellantischen Advocato
Unser Gnabt und alles guts.

Ehr-

Ehrsahme, gelehrte, wohlgebohrner, liebe getreue und
andächtiger!

Was bey Unserm Kayserl. Cammergericht auch Unser und
des Reichs lieber getreuer N. von Hammerstein als Eigenthümb-
licher Besitzer des adelichen Burghauses Bruche bey Melle nebst
Burgermeister und Rath auch Gemeinde des Wiegbolds Melle,
unterthänigst vor- und anbracht, solches ist aus hiebeygehender
Supplication und darin angezogenen Bey- und Neben-Anlagen
sub Lit. A. B. C. & Num. 1. usque 8. incl. des mehrern zu ersehen.

Wann nun hierauf diese Unsere Kayserl. Citatio, Inhibitio
& Compulsoriales in gefolg anheut zu Endt gemeldtem dato ertheilten decreti resp. an und wider Euch erkannt, und die fatalia auf
zwey Monath erstreckt worden.

Hierumb so heischen und laden Wir Euch rc. rc.

Geben in Unser und des heiligen Reichs-Stadt Wetzlar den
31sten Tag Monats Augusti nach Christi Unsers lieben Herrn
Gebuhrt im siebenzehen hundert vier und vierzigsten Unserer Rei-
che des Römischen und des Boheimischen im dritten Jahren.

Ad Mandatum Domini electi Imperatoris
proprium.

Friederich Wilhelm Ruding Lt.
Kayserl. Cammergerichts Cantzley-Verwalter mppr.

Franciscus Elsen, Kayserl. Cammer-
Gerichts Protonotarius mppr.

Collat.
Kayserl. Cammergerichts Canzley Handtschrift.

L. Jagemann, Cop.

T.

Wir Frantz von Gottes Gnaden erwehlter Römischer
Kayser rc.

Entbieten denen respective Wohlgebohrnen, Ehrsamen, Gelehrten Unsern und des Reichs lieben getreuen und Andächtigen
Churfürstl. Cöllnischen zum Fürstl. Osnabrückischen Geheimen
Rath verordneten Canzler und Rathen, wie auch N. Freyherrn
von Wolff Metternich Dohm-Scholastern und Dohm-Küstern derer
Cathedral-Kirchen zu Paderborn uud Osnabrück als Bischöfl. Sacellano und Archidiacono in Melle auch dessen Commissario Kerckmann, Unser Gnad und alles gutes.

Wohl-

Wohlgebohrner, Ehrſame, Gelehrte, liebe getreue und Andächtiger!

Was bey Unſerm Kayſerl. Cammergericht Unſer und des Reichs auch lieber Getreuer N. von Hammerſtein als eigenthüm-licher Beſitzer des adelichen Burghauſes Bruche bey Melle, nebſt Burgermeiſter und Rath auch Gemeinden des Wiegbolds Melle, ferner klagend unterthänigſt vor und angebracht, ſolches iſt ab hiebeykommender Supplication ſamt deren Anlag ſub Lit. A. des mehrern zu erſehen.

Wann nun hierauf dies unſer Kayſerl. Mandatum attenta-torum revocatorium, caſſatorium & inhibitorium S. C. entgegen und wider Euch Eingangs benannte Beklagte Inhalts unterm 2ten dieſes ergangenen Decrets erkannt, und Endsgemelten dato aus-gefertiget worden.

Hierum ſo gebiethen wir Euch ſämtl. Beklagten von Röm. Kayſerl. Macht und bey Straff zehen Mark löthigen Goldes, halb in unſere Kayſerl. Cammer, und zum andern halben Theil ihnen Klägern ohnnachläßig zu bezahlen hiemit ernſtlich und wollen, daß ihr ſogleich nach Verkündigung dieſes, die von Euch began-gene attenta, und de facto vorgenommene proceduren caſſiret und aufhebet, dabenebens auch deme zu folge die an das Conſiſtorium auguſtanæ confeſſionis ertheilte appellantiſchen Theils ſehr nachthei-lige reſolution ohnverzüglich zurück ziehet, und beſagtem Conſiſto-rio wie auch Appellatiſchen Theil bey der anberührten unſerm Kayſerl. Cammergericht anhängig gemachter und noch fürwäh-render Appellation freye Hände laßet, folglich weder vor noch nach Abſterben des Paſtoris Auguſtanæ Confeſſionis N. Kahmans in Melle jemand als Gehülfen oder Nachfolger in dieſem Pfarr-dienſt præſentiret oder beſtellet, deme alſo gehorſamlich nachkommet, als lieb euch ſeyn mag, vor angedrohete Poen zu vermeiden.

Daran geſchicht unſer ernſtliche Meinung. Wir heiſchen und laden ꝛc.

Geben in unſer und des Heil. Reichs-Stadt Wetzlar den vierten Tag Monats Sept. nach Chriſti unſers lieben Herrn Ge-burth im Siebenzehenhundert ſieben und vierzigſten, unſerer Rei-che, des Römiſchen im zweyten ꝛc. ꝛc. Jahren.

(L. S. I.)   Friederich Wilhelm Ruding Lt.
              Kayſ. C. G. R. Cantzl. Verwalter.

U.

Sententia publ. 31. Maji 1754.

In Sachen Friederich von Hammerſtein und Conſ. wider Frey-herrn Wolff von Metternich und Conſ. Appellat. & Mandati at-

K

tenta-

tentatorum revocatorii &c. S. C. ist allem An= und Vorbringen nach zu Recht erkannt, daß das strittige Jus patronatus der Kirche zu Melle Augustanæ Confessionis Appellato, qua Archidiacono & Sacellano Episcopali daselbst zu adjudiciren, hingegen Appellantische Burgmänner und Gemeinde zu gedachten Melle mit ihrem darauf gemachten Anspruch ab= und zu der Ruhe zu verweißen seye, als wir hiemit zu Recht erkennen, adjudiciren, ab= und zur Ruhe verweisen, die Gerichts=Kosten bey diesem Kayserl. Cammerge= richt derenthalben aufgelaufen, aus bewegenden Ursachen gegen einander compensirend und vergleichend.

V.

Urkundt=Urtheils
In Sachen
von Hammerstein und Consorten.
contra
von Metternich und Consorten.

(L. S. D.)

Insinuirt durch mich Philipp Wingert, des Höchstpreißl. Kay= serl. und des Reichs=Cammergerichts geschworener Cammer=Bott.

Osnabrück den 25. Oct.
1757.

Wir Frantz von Gottes Gnaden, erwehlter Römischer Kayser zu allen Zeiten Mehrer des Reichs, in Germanien und zu Je= rusalem König, Hertzog zu Lothringen und Baar, Groß=Hertzog zu Toscana, Hertzog zu Calabrien, Geldern, Montferrat, in Schle= sien und zu Teschen, Fürst zu Charleville, Marggraf zu Pont à Mousson und Nomeny, Graf zu Province, Vaudemont, Blancken= berg, Zütphen und Saarwerden, Salm, Falckenstein rc.

Bekennen und thun kund jedermänniglich mit diesem Un= serm offenen Kayserlichen Brief bezeugend, daß an Unserm Kay= serl. Cammer=Gericht an heut zu End gesetztem dato unter mehr andern auch diese hier nachgeschriebenen Innhalts Urthel eröfnet, und publiciret worden.

Tenor Sentiæ.

In entschiedener Sachen Friederich von Hammerstein und Consorten. wider Freyherrn Wolf von Metternich und Consorten. Appella- tionis & Mandati Attentatorum revocatorii S. C. nunc revisionis & Restitutionis in integrum petitæ. Ist die durch Lt. Wolff unterm 24. Oct. 20. Dec. 1755 und 13. curr. extrajudicialiter übergebene

Suppli-

Supplicem ad acta zu regiſtriren; darauf daß das Conſiſtorium zu
Oſnabrück den Neoproviſum examiniren und ordiniren, der Archi-
diaconus hingegen denſelben gegen die geleiſtete Caution in den
Pfarr-Dienſt zu Melle einſetzen ſolle, verordnet.

In Urkund dieſes mit Unſerm Kayſerl. Inſiegel bekräftig-
ten Scheins, ſo darüber ausgefertiget, und mitgetheilet worden.
Geben in Unſer und des heiligen Reichs-Stadt Wetzlar, den
vierzehenden Tage Monaths Octobris nach Chriſti Unſers lieben
Herrn Geburth im Siebenzehen Hundert Sieben und funfzigſten
Jahre, Unſerer Reiche des Römiſchen im dreyzehenden ꝛc.

Ad Mandatum Domini electi Imperatoris
proprium.

Friederich Wilhelm Rüding Lt.
Kayſerl. C. Gerichts Cantzley
Verwalter.

Caſimir Gregor Meſſer, Kayſerl. Cammergerichts Protonotarius mppr.

Coll.
Kayſerl. C. Gerichts Cantzley Handſch.

J. W. Appelius, Tax-Einnehmer.

W.

Urtheil.

In Sachen angegebenen Syndicens des evangeliſchen Burghauſes, der Bürgerey und Gemeinde zu Melle, Klägers an einem, angeblichen Gegenanwald des bisherigen Pfarrers Johann
David Högers zu Melle, Beklagten am andern Theile, im Be-
treff angeſchuldigter jedoch abgeleugneter Siemonie, betriebener
Hurerey und anderer groben Exceſſe, erkennen zum Hochfürſtl.
Conſiſtorio Augſpurgiſcher Confeſſion verordnete Räthe zu Osnabrück, auf übergebene Poſitionen, darauf ertheilten Antwort,
geführten Beweis, übergebene additional Artickel, fernern Schrift-
Wechſel, nach gehabtem Rathe der Rechtsgelehrten, für Recht:

daß Kläger vor allen Dingen beßer als num. act. 3. und im
inrotulations Termine beſchehen, vermittelſt eines richtigen,
entweder gerichtlich, oder vor Notarien und Zeugen gefer-
tigten Syndicats, die Bevollmächtigung zu Stande zu bringen, nicht minder der vermeintliche Gegenanwald, ſeine Perſon Reichsſatzungsmäßig, mit Begnehmigung deßen, was
bisher in dieſer Sache bereits verhandelt worden iſt, legiti-
miren zu laßen, verbunden ſeye, hiernächſt wird der bishe-
rige Pfarr zu Melle, Johann David Höger, ſeiner vielfältigen Begünſtigungen halber, ſeines Pfarrdienſtes billig entſetzet,

ſetzet, und iſt der Fiscal in Anſehung der ihm ſehr wahr-
ſcheinlich beygenießenen Simonie, Abtreibung der Frucht im
Mutterleibe, und anderer groben Exceße, des beſchehenen
Einwendens ungehindert, ſeines Amtes wider denſelben zu
erinnern, jedoch wird derſelbe ſodann mit ſeiner Vertheidi-
gung, wie billig, gehöret. Es iſt auch der beklagte Johann
David Höger, Klägern alle verurſachte Koſten, auf vorge-
hende deren Anſetzung und richterliche Ermäßigung, zu er-
ſtatten ſchuldig. V. R. W.

(L.S.)   Daß dieſes Urthel den Acten und Rechten gemäß,
bezeugen wir Decanus, Doctores und Profeſſores der
Juriſten-Facultät bey Fürſtlich Heſſiſcher Univerſität
zu Marburg. Urkundlich unſers hieneben gedruckten
Facultäts-Inſiegels.

Publicata Sententia d. 13. Nov. 1765.

X.

Cop. Berſenb.

Reditus Ecclefiæ in Gerethe de cafa
in Rusvorde An. 1280.

Nos Conradus Dei gratia Osnabrugenfis Eccliæ Epifcopus omnibus
in perpetuum notum effe cupimus, quod Erneftus dictus de Ges-
mele PatronusEcclefiæ in Gerethe de confenfu & voluntate noftra, Hermanni fratris noftri, Ecclefiæ majorisCantoris dictæ Ecclefiæ Archidiaconi, Dominæ Chriftinæ & Hermanni ipfius EcclefiæRectoris, contulit
eo jure, quo bona ecclefiarum conferri folent cafam unam in villa
Rusvorde fitam ad dotem ejusdem ecclefiæ pertinentem, Waltero
dicto Anchem, Alheidi uxori fuæ & fingulis heredibus fuis legitimis
perpetuo a progenie in progenies poffidendam, tali adjecta conditio-
ne, quod idem Waltherus, uxor fua Alheidis aut heredes eorum,
quicunque eandem cafam coluerint aut inhabitaverint, dabunt Rectori Ecclefiæ ipfius de eadem cafa & attinentiis ejus fingulis annis in die B.
Michaelis quatuor folidos legalium denariorum. Si vero prædicti Waltherus fcilicet & fui heredes dictam penfionem dicto termino aut infra
duos menfes proximos fequentes dare neglexerint aut contempferint,
fæpe dicta cafa cum omni integritate fua Rectori ipfius Ecclefiæ in
Gerethe vocabit libere fine aliqua heredem omnium contradictione.
Et ut hæc omnia rata & indubitata permaneant præfentem litteram,
noftro, Hermanni Cantoris ac Ernefti figillis confignatam dedimus in
teftimonium præmiſſorum. Ego Erneftus, quia proprio figillo
careo, figillo patris mei ufus fum. Actum & datum anno
Domini MCCLXXX. in die B. Viti Martyris.

Emendanda.

pag. 15. lin. 8. pro abgelegten, lefe, abgelebten.

pag. 17. lin. 36. pro wolle, lefe, wolte.

pag. 23. lin. 27. pro in anliegender, lefe, ift in anliegender.

pag. 25. lin. 11. pro addict Cap. & fi non, lefe ad dict Cap. etfi non.

pag. 28. lin. 36. pro in attenta, lefe, inattenta.

pag. eadem in not. a lin. 4. pro conductio, lefe conductitio.

pag. 29. lin. 8. pro dem, lefe, den.

pag. 39. ad not. q) pro L. G. §. 1. c. de tiftib. lefe, L. 9. §. 1. C. de Teftibus.

pag. 40. in not. u) lin. 4. pro quintum, lefe, quin tum.

pag. 53. lin. 40. pro Archidiacono fothane, lefe, Archidiacono welchem fothane.

pag. 54. lin. 37. pro geirret, lefe, geriret.

pag. 55. lin. 5. pro wir auß denen, lefe, wir denen.

Eadem pag. lin. penult. pro appofition, lefe, oppofition.

pag. 56. lin. 10. pro bezeugen, lefe, beziehen.

pag. 58. lin. 31. pro Guth, Gaben, lefe, gute Gaben.

pag. 59. lin. 13. pro freilig, lefe, friedlich.

pag. 62. lin. 33. pro kraft der, lefe, kraft Dero.

pag. eadem lin. 39. pro Mandatum reftituendo, lefe, Mandatum de reftituendo.

pag. 63. lin. 3. pro Pharkinder, lefe Pfarrkinder.

pag. ead. lin. 21. pro folg zu laßen, lefe, folgen zu laßen.

pag. ead. lin. 29. pro nach, lefe, noch.

pag. ead. lin. 32. pro daß, lefe, das.

pag. 64. lin. 17. pro daß, lefe, das.

pag. 73. lin. 20. pro attenta, lefe, attentata.